나는 왜 보수를 선택했는가
신앙이 된 진보에 대한 비판적 서설

최
병
현

목차

프롤로그	나는 왜 이 책을 쓰는가	04
제1장	변화하는 세상, 변하지 않는 인간	009
제2장	진보는 어떻게 신앙이 되었는가	021
제3장	보수는 구태인가, 유일한 현실주의인가	034
제4장	자유를 지키기 위한 최소한의 질서	050
제5장	공동체의 붕괴와 보수의 귀환	070
제6장	보수의 미래	087
제7장	나는 왜 지금 보수를 선택하는가	100
에필로그	'지킬 것'과 '바꿀 것' 사이에서	121

프롤로그

나는 왜 이 책을 쓰는가

친구들과 모임에서 있었던 일이다. 내가 '보수'라는 단어를 꺼내자 친구들의 표정이 변하는 게 느껴졌다. 그 시선은 내가 순식간에 낯선 사람이 된 듯한 당혹감을 안겼다. 나는 그 얼어붙은 공기 앞에서 적잖이 당황했다. 그날 저녁 담소는 평소처럼 세상 돌아가는 이야기로 흘렀다. 화제는 자연스레 정치로 옮겨갔고, 나는 큰 뜻 없이 한마디를 꺼냈다.

"지금은 오히려 보수적 시각이 필요한 때 아닐까?"

침묵이 내려앉았다. 누군가는 기어들어가는 목소리로 물었다. "갑자기 왜 그런 이야기를?" 마치 내가 시대착오적인 발언을 한 것처럼, 혹은 갑자기 외계인이 되어버린 것처럼 그들은 당혹스러워했다. 그제서야 깨달았다. 우리 사회에서 '보수'라는 단어가 얼마나 부정적인 낙인이 되어버렸는지를.

이 책을 쓰기로 마음먹은 것은 바로 그날 밤이었다. 집으로 돌아오는 길, 끊임없이 질문했다. 왜 '보수'라는 말은 이토록 불편한 단어가 되어버렸을까? 단지 낡은 것을 고집하는 고루함을 의미하는 것일까? 아니면 변화를 두려워하는 비겁함의 대명사가 되어버린 것일까?

유독 2020년대를 지나며 대한민국은 혼돈의 시대를 맞이했다. 코로나19 팬데믹이 휩쓸고 간 세계는 예전과 같지 않다. 국내에서는 정치적 양극화가 심화되고, 세대 간 갈등은 더욱 첨예해지고 있다. 청년들은 절망하고, 노인들은 소외되며, 중산층은 무너지고 있다. 한편에서는 과거의 모든 것을 파괴하고 새롭게 시작해야 한다고 외치는 목소리가 있고, 다른 한편에서는 과거의 영광을 되살려야 한다며 회고적 낭만주의에 빠져있다.

진보도, 보수도 모두 길을 잃은 듯하다.

진보는 이제 무엇을 향해 '진보'하는 것인지 그 방향성을 상실했다. 모든 전통과 권위에 대한 무차별적 해체만이 남았을 뿐, 그 이후의 비전은 희미하다. 보수는 어떤가? 단지 '아니오'라고 말하는 것 외에는 대안을 제시하지 못한 채, 과거의 영광을 회상하는 데 갇혀 있다.

이 지점에서 나의 질문이 시작된다. 변화를 맹목적으로 거부하지도, 모든 것을 해체하지도 않는 진정한 보수는 과연 가능할까? 이 책에서 질문하고자 하는 것은 개인적 고백이자, 우리 사회를 향한 성찰의 여정이다. 나는 왜 보수를 선택하는지, 그리고 그 보수가 어떤 모습이어야 하는지를 탐색해보려 한다.

이 여정이 누군가에게는 공감을, 또 다른 이에게는 반론을 불러일으킬 수도 있다. 그러나 적어도 우리가 '보수란 무엇인가'에 대해 진지하게 대화할 수 있는 출발점이 되기를 바란다. 변화를 맹목적으로 거부하지도, 모든 것을 해체하지도 않는 진정한 보수는 과연 가능할까? 인간 본성과 역사의 지혜를 인정하면서도 시대의 변화를 수용하고, 공동체의 가치와 개인의 자유를 함께 지키는 '성찰적 보수(protectism)' 말이다.
2025년 봄, 또 하나의 대선이 다가오는 지금, 나는 묻는다.

'우리는 무엇을 지키고, 무엇을 바꿔야 하는가?'

그 질문 앞에서, 나는 보수를 선택했다. 그것은 과거로의 퇴행이 아니라, 더 나은 미래를 위한 선택이다. 이 책에서는 변화하는 인간 본성, 진보의 명암, 보수주의의 본질, 자유와 질서, 공동체의 가치 순으로 그 이유를 살펴본다.

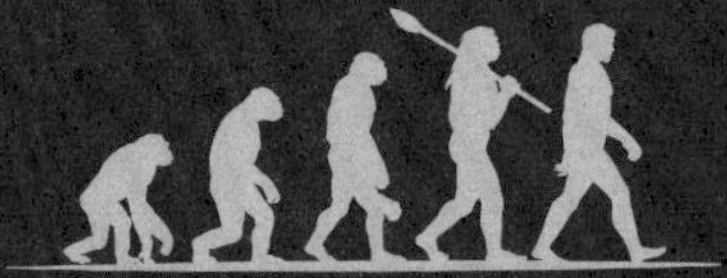

제1장

변화하는 세상, 변하지 않는 인간

2025년 1월 초, 서울 강남의 카페에서 오랜만에 대학 동창을 만났다. 인공지능 스타트업을 이끄는 친구는 늘 미래 기술 이야기에 들떠 있었다.

"AI가 곧 인간 지능을 넘어설 거야.
특이점이 오면 세상이 통째로 바뀔 거라고."

특이점을 말하며 빛나던 그의 눈과 달리, 내 마음 한켠엔 설명하기 힘든 불안이 잔물결쳤다. 나는 커피잔을 들며 조심스레 물었다.

"그래, 기술은 달라지겠지.
그런데 인간은? 인간도 그만큼 변할 수 있을까?"

그 질문에 그는 잠시 멈칫했다. 사람들은 기술 진보를 곧 인간성 진보로 착각하곤 한다. 마치 스마트폰 성능이 오르듯 인간의 도덕과 지혜도 높아진다고 믿는다. 그러나 역사는 다른 교훈을 준다. 20세기 초 비약적 과학기술은 비행기와 백신을 안겼지만, 동시에 전례 없는 대량살상무기도 만들어냈다. 산업혁명은 풍요를 가져왔지만, 동시에 새로운 형태의 착취와 불평등도 낳았다.

인간 본성과 사회의 복잡성

우리는 AI와 디지털, 초연결 세계의 한복판에 서 있다. 정보는 빛처럼 흘러가고, 기술은 상상 너머의 속도로 진화한다. 그러나 그 갈라진 속도 뒤에도 변치 않는 무언가가 있다. 바로 인간의 본성이다. 인간은 여전히 이기적이다. 두려움도 여전하다. 여전히 권력을 원한다. 사랑과 인정에 대한 목마름도 마찬가지다. 이 본질은 석기시대든 우주시대든 별로 달라지지 않았다.

토마스 홉스가 『리바이어던』에서 자연 상태를 "만인의 만인에 대한 투쟁"이라 불렀다. 그것은 추상 가설이 아니었다. 홉스는 영국 내전(1642-1651)의 혼란을 직접 목격하며, 사회적 질서가 무너질 때 인간이 어떻게 행동하는지를 관찰했다. 그는 인간이 법과 질서 없이 살아갈 때, 삶은 "고독하고, 가난하며, 불쾌하고, 잔인하며, 짧다"고 했다(Hobbes, 1996). 오늘날 코로나 팬데믹 초기의 사재기나 지역 차별처럼, 극한 상황에서 드러나는 인간의 민낯을 이미 400년 전 철학자는 간파했던 셈이다.

17세기 영국과 오늘의 세상은 겉보기엔 멀다. 그러나 두려움과 욕망의 뿌리는 달라지지 않았다. 코로나19 팬데믹 초기를 떠올려보자.

2020년 2월, 대구에 코로나19가 번지자 도시는 순식간에 고립됐다. 대구 시민들은 사회적 낙인의 대상이 되었고, 다른 지역에서는 대구 번호판 차량에 대한 적대감이 표출되기도 했다. 일부 지역에서는 대구에서 온 사람들의 출입을 금지하는 일까지 벌어졌다. 이것이 위기 상황에서 드러나는 인간의 모습이다.

물론 같은 시기에 우리는 의료진들의 헌신과 이웃을 돕는 자원봉사자들의 모습도 목격했다. 전국에서 의료 자원봉사자들이 대구로 모여들었고, 시민들은 의료진을 위한 지원과 응원을 아끼지 않았다. 이것이 인간 본성의 또 다른 면이다. 우리는 이기적이면서도 이타적이고, 두려움에 떨면서도 용기를 낼 수 있는 모순적 존재다.

이러한 인간 본성의 이중성에 대한 이해는 서양 철학의 오랜 전통이다. 플라톤은 『국가』에서 인간 영혼의 세 부분(이성, 기개, 욕망)을 설명하며, 이 세 요소 간의 조화를 강조했다. 아리스토텔레스는 『니코마코스 윤리학』에서 덕(德)은 양극단 사이의 중용에 있다고 주장했다. 인간은 본성적으로 선하지도, 악하지도 않은 복합적 존재라는 시각이다.

근대로 오면 이 인간관은 한층 정교해진다. 데이비드 흄은 인간이 이성적이면서도 감정의 지배를 받는다고 강조했다. 그는 "이성은 감정의 노예이며, 그럴 수밖에 없다"고 말했다(Hume, 2007). 즉, 인간의 판단과 행동은 이성뿐 아니라 감정의 영향을 받는다는 뜻이다.

이런 통찰은 정치사상으로 옮겨 가 인간 본성 이해를 제도 설계의 기초로 삼았다. 제임스 매디슨은 『페더럴리스트(The Federalist)』에서 "사람이 천사라면 정부는 필요 없다"고 쏘아붙였다(Madison, 2003). 정부가 필요한 까닭은 인간의 약점 때문이라는 뜻이다.

매디슨은 더 나아가 "권력을 가진 자들이 그 권력을 남용하는 것을 막기 위해서는, 야망으로 야망을 견제하도록 정부를 설계해야 한다"고 주장했다(Madison, 2003). 이것이 미국 헌법의 핵심 원리인 삼권분립과 견제와 균형 시스템의 철학적 토대다.

이런 현실적 인간관이 보수 정치철학의 뼈대다. 내가 보수를 택한 첫째 이유도 이 현실 인식이다. 보수는 인간 본성의 이중성과 한계를 직시한다.

보수주의의 아버지라 불리는 에드먼드 버크는 프랑스 혁명을 목격하며 『프랑스 혁명에 관한 성찰』을 썼다. 그는 급진적 변화가 가져올 위험성을 경고했다. 프랑스 혁명은 '이성·자유·평등'

을 내걸었으나 결국 공포정치로 귀결됐다.

혁명 초기의 이상주의적 열망은 어떻게 로베스피에르의 공포정치로 변질되었는가? 1793년부터 1794년까지의 공포정치 기간 동안, 약 17,000명이 공개적으로 처형되었고, 최대 30,000명이 재판 없이 감옥에서 사망했다. 자유와 평등을 외치던 혁명은 어떻게 이런 폭력적 형태로 변질되었을까?

버크는 그 답을 인간 본성과 사회의 복잡성에서 찾았다. 그는 사회가 단순한 기계가 아니라 유기체적 존재임을 강조했다. 사회는 수많은 세대에 걸쳐 형성된 복잡한 관계와 제도, 관습의 네트워크다. 이런 사회를 추상적 이론에 따라 급격히 재구성하려는 시도는 필연적으로 파괴적 결과를 낳는다는 것이 그의 통찰이었다.

20세기의 역사는 버크의 경고가 얼마나 예리했는지를 증명했다. 러시아 혁명, 중국의 문화대혁명, 크메르 루주의 캄보디아 실험 등 이상주의적 열망으로 시작된 급진적 변화들은 모두 예상치 못한 비극으로 귀결되었다. 스탈린 치하에서 공식 기록상 600만~900만 명, 일부 추정으론 최대 2,000만 명까지 희생된 것으로 본다. 이러한 역사적 교훈은 우리에게 인간의 한계와 사회적 질서의 취약성을 일깨운다.

최근 국내에서 벌어진 정치적 격변 역시 이러한 인간 본성의 한 단면을 보여주었다. 비상계엄이라는 극단적 조치를 통해 권력을 유지하려 했던 시도, 그리고 그에 맞선 국민적 저항과 헌법적 절차에 따른 탄핵까지의 과정은 권력의 속성과 인간의 본성을 생생하게 드러냈다.

권력은 본질적으로 확장하려는 속성을 갖는다. 견제 없는 권력은 결국 남용된다. 이것이 인간 본성의 위험한 그림자다. 역사적으로 볼 때, 절대 권력이 자발적으로 스스로를 제한한 사례는 거의 없다. 로마의 공화정이 제정으로 변질된 과정, 프랑스 혁명이 나폴레옹의 황제 즉위로 이어진 과정, 그리고 수많은 사회주의 혁명이 독재 체제로 귀결된 사례들이 이를 증명한다.

영국 사상가 액턴 경의 경구는 이러한 권력의 속성을 잘 보여준다.

"권력은 부패하는 경향이 있고,
절대 권력은 절대적으로 부패한다."

이 한마디가 인간과 권력의 본질을 찌른다. 권력의 위험을 보는 현실감, 이것이 내가 보수를 택한 둘째 이유다. 보수는 권력의 위험성을 경계한다. 권력이 집중될수록 남용의 가능성은 커진다. 견제와 균형의 원칙, 권력 분립, 법치주의에 대한 존중은 보수 정치철학의 중요한 축이다.

인간 본성을 인정한다고 비관할 필요는 없다. 오히려 현실 정치의 출발점이 된다고 본다. 너무 이상적인 인간관에 기초한 정치철학은 현실과 충돌할 수밖에 없다.

진보·보수의 뿌리 차이는 여기서 갈린다. 진보는 인간 이성과 선의를 낙관한다. 제도를 개혁하면 인간도 변할 수 있다고 본다. '더 나은 세상'은 언제나 가능하며, 그것을 방해하는 것은 단지 낡은 제도와 관습뿐이라는 믿음이다.

이러한 진보적 관점의 역사적 뿌리는 18세기 계몽주의에 있다. 장 자크 루소와 같은 계몽사상가들은 인간이 본질적으로 선하며, 오직 부패한 사회 제도에 의해 타락한다고 보았다. 루소의 『사회계약론』은 이러한 관점의 대표적 표현이다. 그는 "인간은 자유롭게 태어났지만, 어디에서나 사슬에 묶여 있다"라고 선언했다(Rousseau, 1997).

이러한 루소의 사상은 프랑스 혁명의 이념적 토대가 되었고, 이후 마르크스주의와 다양한 형태의 진보 이념으로 발전했다. 공통적인 특징은 인간과 사회의 근본적 변혁 가능성에 대한 낙관적 믿음이다.

반면 보수는 인간의 불완전함과 사회 복잡성을 직시한다. 사회는 수많은 세대에 걸친 시행착오의 결과물이며, 그 안에는 명시적으로 설명할 수 없는 지혜가 담겨 있다고 본다. 그래서 보수는 급격한 변화보다는 점진적 개선을 선호한다. 아무리 훌륭한 청사진도 예상치 못한 결과를 낳을 수 있으며, 한 번 파괴된 사회적 질서는 쉽게 복구되지 않기 때문이다.

20세기 보수주의 사상가인 러셀 커크는 『보수의 정신』에서 (1)초월적 질서 (2)사회적 연속성 (3)처방의 지혜 (4)질서와 계층 (5)자유와 재산 (6)신중한 변화라는 보수주의의 여섯 가지 원칙을 제시했다. 첫째, '인간을 넘어선 도덕 질서'가 있다는 믿음이다. 그는 사회의 근저에 변하지 않는 도덕적·종교적 원리가 있다고 본다. 둘째, '사회적 연속성에 대한 애정'이다. 사회는 한 세대의 작품이 아니라, 오랜 시간에 걸쳐 축적된 유산이기 때문에, 변화보다는 연속성과 유대를 중시한다.

셋째, '처방된 지혜'다. 즉, 오랜 경험에서 비롯된 관습과 전통, 처방을 존중하는 태도다. 사회를 추상적 이념이나 설계로 재구성하려는 시도를 경계한다. 넷째, '질서와 계급의 필요성'에 대한 확신이다. 사회에는 자연스러운 구분과 계층이 존재하며, 무차별적 평등주의는 오히려 자유와 다양성을 해칠 수 있다고 본다.

다섯째, '자유와 재산의 밀접한 연관성'에 대한 신념이다. 사유재산이 보장될 때만이 개인의 자유도 지켜질 수 있다고 강조한다. 마지막으로 여섯째, '변화에 대한 신중함'이다. 변화는 언제나 신중하게, 점진적으로 이루어져야 하며, 급진적 혁신은 오히려 사회의 뿌리를 흔들 수 있다고 본다.

이처럼 커크는 초월적 질서, 사회적 연속성, 처방의 지혜, 질서와 계급, 자유와 재산, 신중한 변화라는 여섯 가지 원칙을 통해 보수주의의 핵심을 설명한다. 이러한 보수적 관점은 인간과 사회의 한계를 인정하면서도, 그 안에서 점진적 개선을 모색한다. 이것이 내가 보수를 선택하는 세 번째 이유다. 보수는 현실에 기반한 개혁을 추구한다. 이상을 향해 달려가되, 발 밑의 땅을 살피는 지혜가 담겨 있다.

보수주의의 현실적 가치

우리는 팬데믹 이후, 4차 산업혁명 속, 정치 격변 속 세계를 살고 있다. 모든 것이 눈 깜빡할 새 바뀐다. 불안과 기대가 뒤섞인 시대다.

이런 시대에 우리에게 필요한 것은 무엇일까?

답은 인간 본성을 직시하며 미래를 설계할 정치철학이라고 나는 단언한다. 그것이 바로 내가 말하는 보수다.

이것은 단순히 과거로 돌아가자는 주장이 아니다. 또한 변화를 거부하자는 것도 아니다. 오히려 변화를 더 단단하게, 더 지속가능하게 만들기 위한 철학이다. 인간의 약점을 인정하고, 권력의 위험성을 경계하며, 사회의 복잡성을 존중하는 정치다. 인간의 완벽하지 않음을 알기에, 보수는 완벽한 유토피아보다 지속가능한 개선을 택한다.

2024년 12월, 우리는 민주주의의 취약함과 회복력을 동시에 봤다. 비상계엄이라는 위기 속에서도 헌법적 절차와 시민들의 저항으로 민주주의의 원칙을 지켜냈다. 이 경험은 뚜렷한 교훈을 남겼다. 우리가 당연시했던 민주주의의 가치, 헌법적 질서, 권력 분립의 원칙은 결코 자동적으로 유지되지 않는다. 그것을 지키기 위한 끊임없는 노력과 깨어 있는 시민의식이 필요하다.

그래서 나는 주장한다. 지금 필요한 건 민주주의·자유·법치·인권을 지키는 보수다. 동시에 변화의 필요를 인정하고 점진적·확실한 개혁을 도모하는 현명한 보수다.

변하는 세상 속 불변의 인간 본성을 보며, 가치를 지키고 현실 개혁을 도모하는 보수. 그것이 내 선택이다.

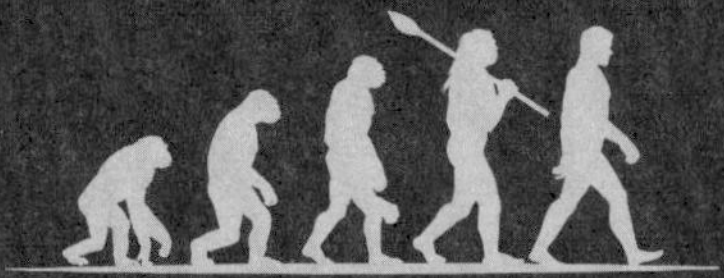

제2장

진보는 어떻게 신앙이 되었는가

어느 날 저녁, 대학 동문회 자리에서 정치 이야기가 불쑥 나왔다. 여덟 명이 둘러앉자마자 진보냐 보수냐를 두고 설전이 붙었다. 나는 조심스레 보수 쪽 시각을 내비쳤다. 말이 끝나자 공기가 싸늘해졌고, 적막이 나를 압박했다. 잠시 뒤 한 후배가 곧바로 반박에 나섰다.

"역사는 늘 진보해 왔잖아요.
그 흐름을 거스르는 건 어리석죠."

그 말에 다른 사람들도 고개를 끄덕였다. 그들에게 '진보'는 단순한 정치적 선택이 아니라, 마치 역사의 필연적 방향이자 선(善)의 동의어처럼 여겨졌다. 반면 '보수'는 낡은 것을 고집하는 시대착오적 태도로 치부되었다. 그들의 사고방식은 '진보=선, 보수=악'이라는 단순 도식에 익숙했다. 이런 분위기에서 서로 다른 의견은 토론이 아닌 비난의 대상이 되기 일쑤였다.

그 순간 깨달았다. 오늘날 진보라고 믿는 그 무언가는 하나의 정치철학을 넘어 일종의 '신앙'이 되었다는 것을. 그리고 모든 신앙의 결론이 그렇듯, 그것은 때로 맹목적이고 독단적일 수 있다는 것을. 그리고 그 독단이 진보 본연의 순기능마저 삼킬 수 있음을 알았다.

진보 이념의 기원과 변질

진보 사상의 뿌리는 18세기 유럽 계몽주의다. 사람들은 중세 종교 세계관을 벗어나 이성과 과학으로 세상을 이해·개선할 수 있다고 믿기 시작했다. 계몽 사상가들은 과학 발전이 곧 사회·도덕의 진보로 이어진다고 낙관했다.

마르키 드 콩도르세는 『인간 정신의 진보에 관한 역사적 개요』에서 인류의 역사를 끊임없는 진보의 과정으로 묘사했다. 그는 이성의 성장이 사회·정치 발전을 필연적으로 낳는다고 보았다. 이러한 믿음은 19세기에 더욱 강화되었다. 다윈의 진화론이 자연을 설명했으나, 사람들은 거기서 사회 진보의 증거까지 끌어냈다.

헤겔의 역사철학은 이러한 진보 신념의 철학적 토대를 제공했다. 헤겔은 역사를 '정신의 자기실현' 과정으로 보았으며, 변증법적 발전을 통해 자유의 확장으로 나아간다고 주장했다. 마르크스는 헤겔 변증법을 유물론으로 뒤집어, 역사를 계급투쟁 여정, 종착역을 공산 유토피아로 제시했다.

이렇게 진보 역사관은 애초부터 세속적 종말론을 품고 있었다. 그것은 인류가 더 나은 미래, 일종의 세속적 유토피아를 향해 필연적으로 진화한다는 믿음이었다. 이 믿음은 종교 구원사와 구조가 닮았다. 기독교 서사가 타락→심판→천국으로 흐르듯, 진보 서사는 야만→과학·민주 발전→이상 사회로 이어진다.

20세기 초까지만 해도 진보의 낙관은 설득력을 지녔다. 과학기술은 폭발했고, 민주·인권 사상은 퍼졌으며, 생활수준도 껑충 올랐다. 그러나 두 차례 세계대전, 전체주의, 홀로코스트는 진보의 낙관에 치명타를 날렸다.

아우슈비츠 이후, 무조건적 진보 신앙은 붕괴했다. 호르크하이머와 아도르노는 『계몽의 변증법』에서 계몽이 어찌 야만으로 뒤집혔는지 해부했다. 그들에 따르면, 도구화된 이성은 비이성의 결과를 낳았다. 가장 합리적이고 과학적인 방식으로 조직된 학살은 진보의 역설을 보여주었다.

역설적으로 20세기 후반, 진보는 비판에도 불구하고 더 강한 종교성을 띠었다. 특히 1968년 학생·신사회운동 이후, 진보는 '도덕적 우월'과 결합했다.

문제는 일부가 '옳은 의견은 늘 진보의 것'이라 믿고 타 견해를 비도덕으로 몰아붙인다는 점이다. 다양성과 토론이라는 진보의 본래 미덕이 오히려 내부 독선에 눌리고 있다. 조던 피터슨이 『12가지 인생의 법칙: 혼돈의 해독제(12 Rules for Life)』에서 지적했듯이, "특정 정치적 신념이 도덕적 우월성의 지표가 되는 것은 매우 위험하다"(Peterson, 2018).

이러한 현상은 미국 대학가에서 특히 두드러지게 나타났다. 사회학자 조너선 하이트는 『나쁜 교육』에서 현대 미국 대학에서 퍼져있는 '안전주의 문화'(safetyism, 미국 대학에서 학생들의 정서적 안전을 지나치게 중시한 나머지 반대 견해를 배척하는 풍조)를 분석했다. 그에 따르면, 대학 캠퍼스에서는 '마이크로어그레션'(microaggression, 미세 공격), '트리거 워닝'(trigger warning, 유발 경고), '세이프 스페이스'(safe space, 안전한 공간) 등의 개념이 등장하며, 특정 진보적 관점에 부합하지 않는 의견은 '해로운 것'으로 간주되기 시작했다.

2017년 미들버리 대학에서는 보수적 성향의 사회학자 찰스 머레이의 강연이 학생들의 격렬한 항의로 취소되었고, 그를 초청한 앨리슨 스탕거 교수는 부상을 입기까지 했다. 2015년 예일대학에서는 할로윈 코스튬에 관한 이메일 논쟁이 촉발되어, 학생들이 교수에게 공개적으로 고함을 지르는 사태까지 벌어졌다.

이러한 사례들이 보여주는 것은 진보가 더 이상 토론과 비판을 통해 발전하는 사상이 아니라, 의심할 수 없는 신조, 즉 일종의 '신앙'이 되었다는 점이다. 이러한 교조화는 역설적으로 진보 이념의 핵심 가치인 자유로운 사고와 표현의 자유를 위협한다. 물론 이러한 현상이 한국 사회에도 동일하게 적용된다고 볼 수는 없다. 한국의 역사적, 문화적 맥락은 서구와 다르기 때문이다. 그러나 유사한 흐름이 감지되는 것도 사실이다.

2022년 한 대학의 교양 강좌에서, 교수가 젠더 관련 주제에 대해 학계의 다양한 관점을 소개하자 일부 학생들이 "혐오 발언"이라며 항의한 사례가 있었다. 교수의 강의 내용은 어떤 관점을 옹호하기보다 다양한 시각을 소개하는 것이었지만, 특정 진보적 관점만이 '옳다'고 믿는 학생들에게는 용납할 수 없는 것으로 받아들여졌다.

신앙화된 진보의 문제점

진보가 '신앙'으로 굳어지면 무슨 일이 생길까? 가장 큰 문제는 비판적 사고와 열린 토론의 가능성이 차단된다는 점이다. 카를 포퍼는 『열린 사회와 그 적들』에서 "모든 이론은 반증 가능해야 한다"고 했다. 즉, 틀렸음을 입증할 길이 열려 있어야 한다는 뜻이다. 하지만 일부는 '우리 주장은 결코 틀리지 않는다'는 태도를 취한다. 그런 태도가 바로 토론과 설득을 질식시킨다.

알래스데어 매킨타이어는 『덕의 상실』에서 현대 도덕담론이

어떻게 붕괴됐는지 파헤쳤다. 그는 오늘날 도덕 주장이 감정·취향을 객관 진리인 듯 내세운다고 지적한다. 그 결과 진짜 도덕 대화·합의가 사라진다.

진보가 신앙으로 굳은 담론에서도 똑같은 현상이 보인다. 특정 정책이나 주장의 실질적 효과나 부작용에 대한 논의보다는, 그것이 '진보적'인지 아닌지가 더 중요한 판단 기준이 된다. 결과보다 도덕 의도·상징을 중시하는 접근이다.

예를 들어, 한국의 부동산 정책 논쟁에서 다주택자 규제의 실효성이나 전월세 가격에 미치는 영향보다, 그것이 '불로소득 근절'이라는 도덕적 목표에 부합하는지가 더 중요한 판단 기준이 되는 경우가 많다. 정책의 의도는 선하더라도, 그 결과가 의도와 다를 수 있다는 가능성은 종종 무시된다.

신앙화된 진보의 둘째 문제는 가치 균형의 상실이다. 사회는 자유·평등, 개인·공동체, 변화·안정의 균형을 요구한다. 그러나 진보가 교조화되면 평등 같은 한 가치가 절대화된다.

역사학자 아서 슐레진저 주니어는 『The Vital Center: The Politics of Freedom(미국 정치의 중심)』에서 극단적 좌우 이념의 위험성을 경고했다. 그에 따르면, 건강한 민주주의는 다양한 가치와 이익 사이의 균형과 타협을 통해 유지된다. 어떤 하나의 원칙이나 가치가 절대화되면, 그것은 필연적으로 다른 중요한 가치들을 침해하게 된다.

예를 들어, 평등이라는 가치만 절대화하면 자유가 희생될 수 있고, 자유만 절대화하면 공동체적 유대가 약화될 수 있다. 진정한 정치적 지혜는 이러한 다양한 가치들 사이의 균형을 찾는 것에 있다.

진보가 신앙이 된 또 다른 징후는 '역사의 올바른 편'(right side of history)이라는 개념의 등장이다. 이는 역사가 필연적 방향으로 흐른다는 결정론 위에 선다. 스스로 '역사 편'이라 믿는 이들은 결국 승리와 도덕적 정당성을 확신한다.

조르주 소렐은 『진보의 환상: 동물들의 침묵』에서 이러한 역사관을 '세속적 종말론'이라고 비판했다. 그는 역사에 목적·방향이 있다는 생각은 과학이 아니라 신앙에 가깝다고 했다. 그것은 기독교 종말론의 세속화된 버전으로, 과학적 외관을 한 신화에 불과하다. 소렐은 일찍이 '진보' 사상이 종교처럼 맹신되고 있다고 비판했다.

역사학자 로버트 니스벳은 『진보의 역사』에서 진보 개념의 역사적 변천을 추적하며, 그것이 어떻게 종교적 성격을 띠게 되었는지 분석했다. 그는 진보가 신에 대한 믿음이 약화된 자리를 대체하는 일종의 '대체 종교'로 기능하게 되었다고 본 것이다.

'역사의 올바른 편'이라는 개념의 문제점은 그것이 현재의 복잡한 도덕적, 정치적 문제들을 지나치게 단순화한다는 점이다. 마치 모든 문제가 '진보 대 반동', '미래 대 과거'의 이분법으로 환원될 수 있는 것처럼 여겨진다. 그러나 현실의 문제들은 대부분 그러한 단순한 이분법으로 설명될 수 없다.

더욱 심각한 문제는 이러한 사고방식이 민주적 토론과 타협의 가능성을 훼손한다는 점이다. 만약 내가 '역사의 올바른 편'에 서 있고, 상대는 '잘못된 편'에 있다고 믿는다면, 그와의 대화와 타협은 불필요하거나 심지어 부도덕한 것으로 여겨질 수 있다. 왜 역사의 '잘못된 편'과 타협해야 하는가?

이러한 사고방식은 정치적 양극화를 심화시키고, 민주주의의 기본 원칙인 다양성 존중과 관용의 정신을 약화시킨다. 정치철학자 마이클 샌델은 『정의란 무엇인가』에서 진정한 민주주의는 다양한 가치관과 세계관을 가진 시민들이 서로 존중하며 공통의 문제에 대해 토론하는 데 있다고 주장했다.

흥미로운 것은 진보가 신앙이 되면서, 그것이 본래 비판하고자 했던 종교적 독단주의와 구조적으로 유사해졌다는 점이다. 중세 교회가 이단을 처벌했듯이, 신앙화된 진보는 '정치적 이단'을 사회적으로 처벌한다. '취소 문화(cancel culture)'의 등장이 그 대표적 사례다.

SNS 발 '취소'는 발언·행동이 진보 잣대에 어긋나면 당사자를 사회·경제적으로 고립시킨다. 2019년 미국에서는 진보적 코미디언 새라 실버먼이 과거 논란이 될 만한 농담을 했다는 이유로 SNS상에서 '취소'당하는 일이 발생했다. 아이러니하게도 그녀는 진보 진영의 일원이었지만, 더 급진적인 기준에 의해 판단되었다.

한국에서도 유사한 현상이 관찰된다. 특정 발언이나 과거 행적이 진보적 기준에 어긋난다는 이유로 연예인이나 공인이 활동을 중단하거나 사과하는 사례가 늘고 있다. 때로는 그 판단 기준이 매우 자의적이고, 맥락을 고려하지 않는 경우도 있다.

취소 문화의 문제점은 그것이 진정한 대화와 성찰보다 처벌과 배제를 중시한다는 점이다. 사람들은 자신의 실수를 인정하고 성장할 기회를 박탈당한다. 또한 이러한 문화는 자기검열을 조장하여, 사람들이 자신의 진짜 생각을 표현하기보다 '안전한' 의견만 말하게 만든다.

이는 19세기 영국의 사상가 존 스튜어트 밀이 『자유론』에서 경고했던 '다수의 횡포'와 유사하다. 밀은 개인의 자유를 제한하는 것은 물리적 강제만이 아니라, 사회적 압력과 규범을 통한 '여론의 압제'일 수도 있다고 지적했다. 그는 다양한 의견이 자유롭게 논의될 수 있는 환경이 진리 탐구와 사회 발전에 필수적이라고 주장했다.

역설적이게도, 진보 이념의 핵심 가치 중 하나는 바로 이러한 표현의 자유와 다양성 존중이었다. 그러나 진보가 신앙이 되면서, 그것은 자신이 원래 옹호하던 가치를 훼손하게 되었다. 이것이 진보의 진정한 위기다.

균형과 대화를 위한 모색

그렇다면 해법은 무엇일까? 진보를 버리고 과거로 회귀해야 할까? 그렇지 않다. 진보도 우리사회를 이끌어가는 중요한 축이기 때문이다.

진보 이념에는 분명 가치 있는 통찰과 이상이 담겨 있다. 개인의 존엄성과 자유, 평등한 기회, 사회적 연대, 환경 보호 등의 가치는 우리 사회에 중요한 기여를 했다. 문제는 진보 자체가 아니라, 그것이 비판 불가능한 신앙이 되었다는 점이다.

내가 주장하는 것은 진보를 거부하는 것이 아니라, 그것을 다시 열린 토론과 비판의 영역으로 가져오는 것이다. 어떤 이념이든 그것이 비판받을 수 없다면, 그것은 독단이 된다. 진정한 지적 성장은 자신의 믿음을 비판적으로 검토할 수 있는 용기에서 비롯된다.

보수는 진보를 반대하기 위해 존재하는 것이 아니다. 보수의 진정한 역할은 변화의 속도와 방향을 조절하고, 소중한 가치와 제도가 무분별하게 파괴되지 않도록 하는 것이다. 에드먼드 버크가 말했듯이, "국가가 혁신 없이 존재할 수 없다는 것은 사실이지만, 존중 없는 혁신은 존재할 수 없다"(Burke, 2009).

보수는 변화를 거부하는 것이 아니라, 변화를 질서 있게 관리하기 위해 존재한다. 그것은 인간과 사회의 불완전성을 인정하고, 이상과 현실 사이의 긴장을 현명하게 다루는 지혜의 전통이다.

올해 초 비상계엄과 탄핵으로 이어진 정치적 격변은 우리에게 중요한 교훈을 남겼다. 그것은 어떤 정치 세력이든 자신의 이념을 절대화하고 반대 의견을 억압하려 할 때, 민주주의가 위험에 처한다는 사실이다. 진정한 민주주의는 다양한 목소리가 존중받고, 권력에 대한 견제가 작동하며, 헌법적 가치가 지켜질 때 번영한다.

지금 필요한 것은 진보·보수 어느 한쪽이 아니라, 두 전통의 지혜다. 이상을 향한 진보 열망과 현실을 보는 보수 신중함 사이에서 균형을 찾아야 한다. 그 균형은 열린 대화와 상호 존중에서만 나온다.

내가 비판하는 건 진보의 신앙화이지, 진보 가치 그 자체가 아니다. 오히려 진보가 비판·성찰 정신을 되찾아 순기능을 살리길 바라는 마음에서다. 성숙한 사회는 한 이념 독주가 아닌, 다양한 가치·관점의 창조적 긴장 속에서 자란다.

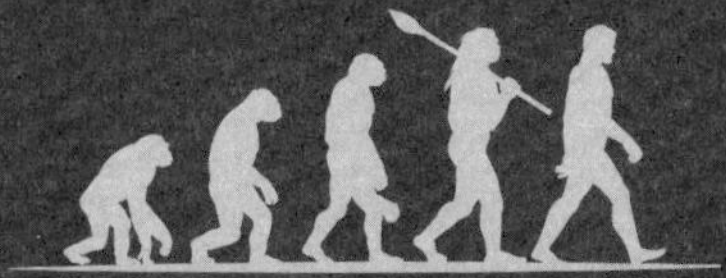

제3장

보수는 구태인가, 유일한 현실주의인가

"너무 보수적이야."

이 한마디는 한국 사회에서 거의 비난으로 쓰인다. '보수적'은 흔히 '시대착오·고루함·변화 거부'와 동의어로 통한다. 특히 젊은 세대 사이에서 보수는 거의 욕설에 가까운 취급을 받기도 한다.

지난달 독서 모임에서 보수 가치를 얘기하자 한 참가자가 물었다.

"세상은 계속 변하는데
왜 굳이 낡은 것을 지키려고 하나요?
그건 진보를 방해하는 구태 아닌가요?"

나는 그 질문에 이렇게 답했다.

"세상이 변한다는 사실과,

모든 변화가 옳다는 주장은 전혀 다른 얘기입니다.
삶의 모든 영역에서 우리는
'지킬 것'과 '바꿀 것'을 구분합니다.
의미 있는 변화는 소중한 가치와 제도를
바탕으로 할 때만 가능합니다.
가령 환경을 보호하면서도 경제 성장을 도모할 때,
깨끗한 환경(지킬 것)과 낡은 공해산업 관행(바꿀 것)을
구분해야 하듯이 말입니다."

질문자의 얼굴에 의아함이 번졌다. 아마도 그는 '보수=변화 거부'로 여겼던 듯하다. 하지만 진짜 보수의 본질은 그리 단순치 않다. 보수는 구태가 아니라, 어쩌면 유일한 현실주의다.

보수주의의 역사적 기원과 본질

보수를 이해하려면 먼저 역사적 기원을 짚어야 한다. 근대적 보수주의는 버크의 『프랑스 혁명에 관한 성찰』에서 체계화됐다. 버크는 변화 자체가 아닌 변화 '방식·속도'의 신중함을 역설했다.

그가 미국 독립전쟁은 지지하면서도 프랑스 혁명에는 반대했던 것은 이러한 맥락에서 이해할 수 있다. 버크에게 미국 독립은

영국의 헌정 전통에 기반한 권리 주장으로서 연속성을 갖는 변화였지만, 프랑스 혁명은 "유구한 국가를 마치 백지처럼 취급"하는 급진적 단절이었다. 그래서 보수는 변화 반대가 아니라 '변화 방식을 가려 묻는 태도'다(Burke, 2009).

버크의 통찰은 놀라울 정도로 정확했다. 그가 예견했듯이, 프랑스 혁명은 곧 과격한 공포정치로 변질되었다. 이성과 자유, 평등의 이름으로 시작된 혁명은 로베스피에르의 공포정치로 이어졌고, 결국 나폴레옹의 독재로 귀결되었다. 혁명 지도자들의 순수한 의도와 이상적 청사진에도 불구하고, 인간 본성과 사회의 복잡성은 그들의 계획을 뒤엎었다.

버크의 보수주의는 결코 변화 자체를 거부하는 반동적 태도가 아니었다. 그가 반대한 것은 기존 질서의 유기적 연속성을 무시한 급진적 변화였다. 그는 "국가 개혁에 있어 가장 중요한 것은 보존의 정신과 개선의 능력을 결합하는 것"이라고 강조했다(Burke, 2009). 이는 현명한 변화는 전통의 지혜를 존중할 때 가능하다는 믿음의 표현이었다.

이러한 버크의 사상은 19세기와 20세기를 거치며 다양한 형태의 보수주의로 발전했다. 보수주의의 다양한 흐름 중에서도 영국의 마이클 오크숏의 사상은 특별히 주목할 만하다. 오크숏은 『Rationalism in Politics and Other Essays(정치에서의 합리주의)』에서 정치적 지식의 두 형태를 구분했다. 하나는 책에서 배울 수 있는 기술적 지식(technical knowledge)이고, 다른 하나는 오직 경험과 관행을 통해서만 얻을 수 있는 실천적 지식(practical knowledge)이다.

오크숏에 따르면, 현대 정치의 문제점은 기술적 지식을 과신하고 실천적 지식을 경시하는 데 있다. 그는 사회를 하나의 기계처럼 취급하고, 이론적 청사진에 따라 재설계하려는 시도를 '정치적 합리주의'라고 비판했다. 진정한 정치적 지혜는 이론과 경험, 원칙과 현실, 이상과 가능성 사이의 균형을 찾는 데 있다는 것이 그의 주장이었다.

한국 사회와 보수주의

그렇다면 보수주의는 오늘의 한국에 어떤 의미를 줄까? 물론 영국이나 미국의 보수주의 전통을 그대로 한국에 적용할 수는 없다. 모든 정치적 사상은 특정 역사적, 문화적 맥락 속에서 발전하기 때문이다. 그러나 보수주의의 기본 원칙과 통찰은 우리 사회에도 중요한 시사점을 제공한다.

먼저, 한국 사회는 압축적 근대화를 통해 불과 60여 년 만에 농업사회에서 첨단 정보화 사회로 변모했다. 이러한 급속한 변화는 경제적 번영을 가져왔지만, 동시에 사회적 연속성과 문화적 정체성의 단절을 초래하기도 했다. 보수주의 관점에서 중요한 건 변화를 맹목적으로 추구하거나 무조건 거부하는 것이 아니다. 오히려 과거와 미래를 이어 주는 지혜를 갖추는 일이다.

한국 현대사에서 박정희 정부의 산업화 정책은 보수주의적 관점에서 재평가될 필요가 있다. 물론 권위주의적 통치 방식과 인권 탄압은 분명히 비판받아야 할 부분이다. 그러나 박정희의 경제 정책이 한국의 현실과 조건에 맞게 조정된 실용적 접근이었다는 점은 인정할 만하다.

당시 한국 상황에서 서구의 자유방임적 시장경제 모델이나 사회주의 계획경제 모델을 그대로 도입하는 것은 불가능했다. 박정희는 국가 주도의 발전 전략을 채택하면서도, 민간 기업의 창의성과 경쟁력을 육성하는 혼합적 접근법을 택했다. 이는 이념적 순수성보다 현실적 효과를 중시한 보수주의적 현실주의의 한 예로 볼 수 있다.

물론 박정희 시대의 '개발독재'가 현재 시점에서도 정당화될 수는 없다. 그러나 당시의 역사적 맥락과 한국 사회의 특수성을 고려하지 않은 채, 오늘날의 기준으로만 과거를 재단하는 것 역시 보수주의적 관점에서는 문제가 있다. 보수주의는 역사적 맥락과 점진적 발전을 중시하기 때문이다.

보수가 단순한 구태가 아니라 현실주의임을 보여주는 또 다른 예는 영국 보수당의 변화와 적응 능력에서 찾을 수 있다. 19세기 중반, 벤자민 디즈레일리(Benjamin Disraeli)는 '사회적 보수주의' 또는 '온정적 보수주의'라는 새로운 접근법을 발전시켰다.

산업혁명 이후 심화된 계급 격차와 도시 빈곤 문제에 직면하여, 디즈레일리는 보수주의가 단순히 기득권 수호가 아니라 사회 전체의 안정과 통합을 추구해야 한다고 주장했다. 그는 1867년 선거법 개정을 통해 노동자 계층에게도 제한적이나마 선거권을 부여했고, 공중보건, 주택, 노동조건 개선을 위한 법안을 추진했다.

디즈레일리는 『시빌, 두 나라』라는 소설에서 "부자와 가난한 자라는 두 국민" 사이의 분열을 우려했다. 그는 사회계급 간의 극단적 분리가 국가의 안정과 번영을 위협한다고 보았으며, 보수당이 모든 계층의 이익을 대변해야 한다고 주장했다.

이러한 디즈레일리의 '온정적 보수주의'는 20세기 초 처칠의 사회개혁으로 이어졌고, 2차 세계대전 이후에는 보수당도 복지국가의 기본 틀을 수용하는 방향으로 발전했다. 이처럼 영국 보수주의는 시대 변화에 적응하면서도 자신의 핵심 가치(사회 안정, 점진적 개혁, 국가 통합)를 지켜왔다.

한국의 보수 세력에게 필요한 것도 이러한 적응력과 포용성이 아닐까? 단순히 과거의 영광을 회상하거나 특정 계층의 이익만 대변하는 협소한 보수가 아니라, 모든 국민의 안정과 번영을 추구하는 포용적 보수주의가 필요하다.

보수의 강점은 인간·사회 현실 인식에 있다. 보수주의는 인간이 불완전하고 오류를 범하기 쉬운 존재임을 인정한다. 따라서 어떤 개인이나 집단도 사회를 완벽하게 재설계할 수 있다는 생각을 경계한다.

이러한 겸손한 관점은 프리드리히 하이에크의 '자생적 질서'(spontaneous order) 개념으로 발전했다. 하이에크는 『자유헌정론』에서 복잡한 사회 질서는 어떤 단일 지성이 설계한 것이 아니라, 수많은 개인들의 경험과 지식이 시간을 두고 축적된 결과라고 설명했다(Hayek, 1998).

하이에크에 따르면, 전통·관습·법·제도엔 설명 어려운 집단지성이 스며 있다. 그것은 마치 언어가 어떤 위원회의 계획이 아니라 수많은 화자들의 무의식적 협력을 통해 발전해온 것과 같다. 이러한 관점에서 보수주의는 기존 질서의 가치를 인정하고, 그것을 급진적으로 해체하려는 시도의 위험성을 경고한다.

보수주의 사상가 로저 스크루턴은 『The Meaning of Conservatism(보수주의의 의미)』에서 보수주의의 핵심을 "익숙한 것에 대한 애착"이라고 정의했다. 그에 따르면, 인간은 추상적 이념보다 구체적 경험과 관계를 통해 정체성과 소속감을 형성한다. 따라서 가족, 지역사회, 종교, 국가와 같은 전통적 제도와 유대는 인간의 행복과 안정에 필수적이다.

스크루턴은 현대 자유주의가 이러한 사회적 유대를 개인의 자율성과 권리라는 이름으로 약화시키고 있다고 비판했다. 그는 진정한 자유가 사회적 맥락과 책임 속에서만 의미를 갖는다고 주장했다. 이러한 관점은 개인과 공동체, 자유와 책임, 권리와 의무 사이의 균형을 중시하는 보수주의의 전형적 시각이다.

그런데 현재 한국 사회에서 보수는 종종 단순히 기득권 수호나 반공주의, 성장 우선주의 등과 동일시된다. 이는 보수주의의 풍부한 지적 전통을 지나치게 협소하게 해석한 결과다. 진정한 보수주의는 단순한 이념이 아니라, 인간과 사회의 복잡성을 인정하는 총체적 세계관이다.

지난 몇 년간 한국 보수 세력이 보여준 모습은 안타깝게도 이러한 진정한 보수주의와는 거리가 있었다. 논리적 일관성보다는 정파적 이해관계, 사회 통합보다는 분열과 대립, 미래 비전보다는 과거 향수에 집착하는 모습이 자주 목격되었다. 물론 오늘날 한국 보수 진영에는 부정부패, 기득권 옹호, 권위주의적 리더십과 같은 극복해야 할 많은 문제점이 있음을 인정해야 한다. 이런 부정적 측면은 보수의 본질과는 거리가 멀며, 오히려 보수의 근본 가치를 훼손한다.

이 책에서 내가 옹호하는 보수는 이러한 수구적 기득권 세력이 아닌, 헌법적 가치와 법치주의, 개인의 자유와 책임, 건강한 시장경제와 공동체적 연대를 균형 있게 추구하는 '성찰적 보수(protectism)'임을 분명히 밝혀둔다.

특히 올해 초 비상계엄이라는 극단적 조치로 민주주의의 근간을 위협했던 사태는 보수의 이름으로 정당화될 수 없다. 헌법 질서와 법치주의에 대한 존중은 보수주의의 핵심 가치다. 버크가 주장했듯이, 보수주의는 권력의 제한과 균형을 중시한다. 어떤 개인이나 집단도 헌법적 제약을 벗어나 무제한적 권력을 행사해서는 안 된다는 것이 보수주의의 기본 원칙이다.

다행히도 많은 시민들이 헌법적 가치를 수호하기 위해 거리로 나왔고, 결국 헌법적 절차에 따른 탄핵이 이루어졌다. 이 과정에서 주목할 만한 것은 많은 보수 성향 시민들도 비상계엄에 반대하는 목소리를 높였다는 점이다. 그들은 "나는 보수지만, 독재는 반대한다"라는 피켓을 들고 시위에 참여했다.

이는 한국 사회에서도 진정한 보수주의의 가능성을 보여주는 희망적인 신호다. 권위주의와 보수주의는 다르다. 진정한 보수는 권력의 제한과 균형, 법치주의, 시민의 자유와 권리를 중시한다. 이것이 보수가 단순한 구태가 아니라, 민주주의의 중요한 기둥이 될 수 있는 이유다.

보수의 현실주의적 통찰

보수가 '현실주의'인 까닭은 명료하다. 인간 한계·사회 복잡성을 직시하기 때문이다. 보수는 사회를 공학적으로 설계할 수 있다는 과신을 경계한다. 어떤 정치적 비전이든, 그것이 현실에서 구현될 때는 예상치 못한 결과를 낳기 마련이다.

최근 몇 년간 한국 사회가 경험한 부동산 정책의 실패는 이러한 보수적 경계심의 중요성을 일깨운다. 선의에 기반한 정책이라도, 시장의 복잡한 메커니즘과 인간 행동의 예측 불가능성을 고려하지 않으면 의도와 정반대의 결과를 낳을 수 있다. 다주택자 규제와 보유세 강화가 오히려 집값 상승과 전월세 가격 폭등으로 이어진 것이 그 예다.

보수적 접근법은 이러한 복잡성을 인정하고, 점진적이고 신중한 변화를 선호한다. 이는 단순히 변화를 거부하는 것이 아니라, 변화의 속도와 범위를 현실에 맞게 조절하는 지혜다. 급진적 변화는 종종 예상치 못한 부작용을 낳고, 그 피해는 대개 사회적 약자에게 집중된다.

영국 정치학자 마이클 오크숏은 보수를 다음과 같이 정의했다.

"보수적이라는 것은 익숙한 것을 선호하고, 시험되지 않은 것보다 시험된 것을, 미스터리보다 사실을, 현실보다 가능성을, 제한된 것보다 무한한 것을, 가까운 것보다 먼 것을, 충분한 것보다 넘치는 것을, 편리한 것보다 완벽한 것을, 현재의 웃음보다 미래의 환호를 선호하는 성향이다"(Oakeshott, 1991).

이러한 보수주의의 신중함은 종종 비판받지만, 사실 그것은 현실에 대한 존중과 인간에 대한 겸손에서 비롯된다. 역사는 이상주의적 열망으로 시작된 급진적 변화가 얼마나 자주 비극적 결과로 이어졌는지를 보여준다. 프랑스 혁명에서 러시아 혁명, 중국의 문화대혁명에 이르기까지, 완벽한 사회를 만들겠다는 야심찬 계획은 종종 더 큰 고통과 혼란을 가져왔다.

반면, 점진적이고 신중한 개혁은 더 지속가능한 변화를 이끌어낸다. 영국의 정치 발전 과정이 그 대표적 사례다. 영국은 격변 없이 점진적으로 귀족정에서 제한적 민주주의를 거쳐 보통선거권에 기반한 현대 민주주의로 발전했다. 이 과정에서 전통적 제도는 완전히 파괴되기보다 시대에 맞게 개선되고 적응했다.

보수가 구태가 아니라 현실주의라는 또 다른 증거는 공동체와 사회적 유대의 중요성을 인식한다는 점이다. 인간은 본질적으로 사회적 존재이며, 정체성과 의미, 안정감을 공동체적 관계를 통해 얻는다. 그러나 현대 사회에서는 개인주의와 소비주의의 확산으로 이러한 공동체적 유대가 약화되고 있다.

미국의 정치학자 로버트 퍼트남은 『나 홀로 볼링: 사회적 커뮤니티의 붕괴와 소생』에서 미국 사회의 사회적 자본(social capital) 감소 현상을 분석했다. 그에 따르면, 지역사회 참여와 시민 단체 활동, 이웃 간의 신뢰와 협력이 지속적으로 감소하고 있으며, 이는 민주주의와 사회 안정에 심각한 위협이 된다.

한국 사회도 유사한 현상을 경험하고 있다. 초고속 산업화와 도시화 과정에서 전통적 공동체가 해체되었고, 핵가족화와 1인 가구 증가로 가족의 기능도 약화되었다. 최근 들어 '고독사', '고립사', '청년 고독' 등의 용어가 사회적 문제로 대두된 것은 이러한 공동체 해체의 단적인 증거다. 특히, 코로나19 이후 이런 현상은 더욱 심화되고 있다.

보수주의는 이러한 공동체 해체의 위험성을 일찍부터 경고해 왔다. 버크는 '작은 집단'(little platoons)의 중요성을 강조했는데, 이는 가족, 교회, 길드, 지역사회와 같은 매개적 공동체를 의미한다. 이러한 공동체들은 개인과 국가 사이의 완충 지대로서, 개인에게는 소속감과 정체성을, 사회에는 안정과 통합을 제공한다.

현대 한국 사회에서 공동체 재건은 중요한 과제다. 그것은 단순히 과거로 돌아가자는 복고적 주장이 아니라, 현대적 맥락에서 새로운 형태의 공동체적 유대를 발전시키는 미래지향적 프로젝트다. 여기서 보수주의는 중요한 통찰을 제공할 수 있다. 보수는 공동체, 전통, 정체성의 가치를 인정하면서도, 그것을 시대 변화에 맞게 재해석하고 발전시키는 지혜를 추구한다.

21세기 한국 보수의 역할

지금까지 살펴본 바와 같이, 보수는 단순한 구태가 아니라 현실 인식을 토대로 한 정치철학이다. 그것은 인간의 불완전성, 사회의 복잡성, 전통과 공동체의 가치, 급진적 변화의 위험성에 대한 인식을 핵심으로 한다.

그렇다면 현재 한국 사회에서 보수의 역할은 무엇인가? 나는 그것이 단순히 특정 정권이나 정책에 대한 반대가 아니라, 더 근본적인 차원에서 사회를 지탱하는 가치와 제도를 보존하고 발전시키는 데 있다고 생각한다.

첫째, 헌법 가치와 법치를 지키는 것이 보수의 책무다. 올해 초 비상계엄 사태에서 보았듯이, 헌법과 민주주의는 결코 자동적으로 유지되지 않는다. 그것은 끊임없는 수호와 갱신을 필요로 한다. 보수는 특히 권력 분립과 견제와 균형의 원칙을 중시해야 한다.

둘째, 건전한 시장과 기업가 정신을 옹호하되 안전망을 갖춰야 한다. 자유시장은 단순한 경제적 메커니즘이 아니라, 자유와 책임, 창의성과 혁신의 원천이다. 물론 시장의 한계와 실패도 인정하고, 적절한 규제와 안전망을 통해 그것을 보완해야 한다. 이는 시장 만능주의가 아니라, 시장과 국가, 경쟁과 연대 사이의 균형을 추구하는 현실주의적 접근이다.

셋째, 공동체·문화 정체성을 중시해야 한다. 한국 사회는 급속한 변화로 인해 문화적 연속성과 세대 간 대화가 단절되는 위기를 겪고 있다. 보수는 전통과 현대, 민족적 정체성과 세계시민의식, 공동체적 가치와 개인의 자율성 사이의 균형을 모색해야 한다.

넷째, 보수는 미래를 향한 설득력 있는 비전을 내놓아야 한다. 보수는 단순히 과거를 그리워하는 복고주의가 아니라, 변화하는 세계 속에서 핵심 가치를 지키고 발전시키는 적응력 있는 전통이다. 기후변화, 인공지능, 저출산 고령화와 같은 21세기의 도전에 대해 보수적 관점에서의 창의적 대응이 필요하다.

진정한 보수는 보존할 가치가 있는 것을 보존하는 능력과 더 이상 지속가능하지 않은 것을 포기하는 용기를 결합할 때 실현된다. 이러한 균형 잡힌 접근법이야말로 한국 보수가 나아가야 할 방향일 것이다.

사실 보수와 진보의 건강한 긴장과 대화는 민주주의 사회의 활력소다. 보수가 없는 진보는 뿌리 없는 나무처럼 불안정하고, 진보 없는 보수는 열매 없는 나무처럼 생명력을 잃는다. 두 관점은 서로를 견제하고 보완하면서 사회의 균형 잡힌 발전에 기여한다.

지금 우리 사회는 조기 대선을 앞두고 중대한 선택의 기로에 서 있다. 비상계엄에서 탄핵으로 이어진 정치적 격변은 많은 국민들에게 깊은 상처와 혼란을 남겼다. 이런 상황에서 우리에게 필요한 것은 분열과 대립을 심화시키는 극단적 이념이 아니라,

사회를 안정시키고 통합할 수 있는 현실주의적 비전이다.

보수는 바로 그런 현실주의적 비전을 제시할 수 있다. 그것은 단순한 구호나 이상이 아니라, 인간과 사회의 복잡한 현실을 직시하는 지혜에 기반한다. 보수는 사회가 하루아침에 완벽해질 수 없다는 것을 인정하지만, 동시에 점진적이고 지속적인 개선이 가능하다고 믿는다.

현대 사회의 문제들—경제적 불평등, 일자리 감소, 환경 위기, 세대 갈등 등—은 단순한 해결책이 없는 복잡한 도전이다. 이러한 문제들에 대해 보수는 신중하지만 현실적인 접근법을 제시할 수 있다. 그것은 급진적 변화의 약속보다 덜 매력적으로 보일 수 있지만, 장기적으로 더 지속가능하고 안정적인 해결책이 될 수 있다.

보수는 '완벽한 사회'나 '모든 문제의 해결'같은 거창한 약속을 하지 않는다. 오늘날 청년들이 취업, 주거, 결혼 등 현실적인 문제에 직면해 있듯이, 보수는 이상보다 현실에 초점을 맞춘다. 그렇다고 냉소주의에 빠지는 것이 아니라, 주어진 현실 속에서 점진적 개선을 위해 최선을 다하는 태도를 취한다. 이는 많은 청년들이 거창한 이상보다 실질적인 변화와 개인의 노력을 중시하는 현실적 태도와 맞닿아 있다. 영국의 정치학자 래리 시덴톱은 "민주주의의 진정한 수호자는 인간의 불완전성을 인정하면서도 개선의 가능성을 포기하지 않는 사람들"이라고 말했다(Siedentop, 2000). 이러한 보수의 현실주의는 21세기 한국 사회에 중요한 지침이 될 수 있다. 그것은 과거로 돌아가자는 복고적 호소가 아니라, 변화하는 세계 속에서 소중한 가치와 제도를 지키고 발전시키는 미래지향적 비전이다. 보수는 단순한 구태가 아니라, 어쩌면 유일한 현실주의다.

제4장

자유를 지키기 위한 최소한의 질서

"자유냐, 질서냐?"

우리는 오래도록 두 가치를 적대적 쌍으로 여겨 왔다. 자유를 높이면 질서가 약해지고, 질서를 세우면 자유가 눌린다는 이분법이 지배했다. 진보 진영은 주로 자유와 권리의 확장을 주장했고, 보수 진영은 질서와 안정을 중시했다.

그러나 이러한 이분법은 자유와 질서의 관계에 대한 심각한 오해에 기반한다. 진정한 자유는 무질서나 방종과 다르며, 적절한 질서 없이는 존재할 수 없다. 반대로 정당한 질서는 자유를 억압하는 것이 아니라, 오히려 그것을 보호하고 가능하게 하는 틀이다.

지난해 정치부 출입을 하는 기자와 대화를 하던 중, 한 기자가 질문했다.

"법과 규제가 많을수록 자유가 제한되는 것 아닌가요?
규제를 철폐하고 개인의 자유를 최대화하는 것이

바람직한 것 아닌가요?"

나는 되물었다.

"신호등 없는 교차로를 떠올려보세요.
거기가 더 자유로운가요,
아니면 불안과 혼란 속에 더 제약받나요?"

그 기자는 잠시 생각에 잠겼다. 교통신호는 우리의 이동을 '제한'하는 듯 보이지만, 실제로는 안전하고 효율적인 이동을 '가능하게' 한다. 적절한 규칙이 없다면, 우리는 오히려 더 큰 제약 속에서 살게 될 것이다.

이것이 바로 내가 말하고자 하는 핵심이다. 자유는 무(無)에서 발생하지 않는다. 자유는 법·제도·문화의 틀 안에서만 꽃핀다. 그래서 보수는 자유를 지키려 질서를 중시한다.

자유와 질서의 상호보완성

자유와 질서의 관계에 대한 이러한 통찰은 서양 정치철학의 오랜 전통 속에서 발전해왔다. 고대 그리스의 아리스토텔레스는

『정치학』에서 법치(rule of law)의 중요성을 강조했다. 그에 따르면, 법치는 특정 개인이나 집단의 자의적 지배보다 우월하며, 공동체의 안정과 개인의 자유를 동시에 보장하는 길이다.

로마의 정치가이자 철학자인 키케로는 『법률론』에서 "우리가 법의 종이 되기 위해서는 자유로워야 한다"라는 유명한 역설을 남겼다. 이는 진정한 자유가 법적 질서 속에서만 가능하다는 통찰을 담고 있다.

근대에 들어와 토마스 홉스는 자연 상태의 혼란을 극복하기 위해 주권자에게 권력을 위임하는 사회계약론을 발전시켰다. 홉스의 주장은 다소 극단적으로 보일 수 있지만, 그 핵심에는 기본적 질서 없이는 어떤 자유도 보장될 수 없다는 통찰이 있다.

존 로크는 『시민정부론』에서 홉스의 이론을 수정하여, 정부의 주된 목적이 생명, 자유, 재산이라는 자연권을 보호하는 데 있다고 주장했다. 로크에게 있어 정치적 질서는 자유를 억압하는 것이 아니라, 오히려 자유를 보장하는 수단이었다.

이러한 사상적 전통은 미국 건국의 철학적 기초가 되었다. 제임스 매디슨은 『페더럴리스트』에서 견제와 균형, 권력 분립, 대의 민주주의와 같은 제도적 장치를 통해 자유와 질서의 균형을 추구했다. 특히 매디슨은 파벌(faction)의 위험성과 그것을 제어하는 공화정의 중요성을 논했다. 그에 따르면, 다양한 이익 집단들이 서로 견제하고 균형을 이루는 제도적 틀은 다수의 횡포와 소수의 독재를 동시에 방지할 수 있다.

프리드리히 하이에크는 20세기의 대표적인 자유주의 경제학자였지만, 그의 사상에는 강한 보수적 요소가 있었다. 그는 『자유헌정론』에서 "자유는 법 없이 존재할 수 없다"고 주장했다(Hayek, 1998). 하이에크에게 자유는 단순한 강제의 부재가 아니라, 법의 지배 하에서 타인의 자의적 간섭 없이 자신의 목적을 추구할 수 있는 상태였다.

이러한 지적 전통이 보여주는 것은 자유와 질서가 대립하는 것이 아니라 상호 보완적이라는 사실이다. 자유는 적절한 법적, 제도적 틀 속에서만 번성할 수 있으며, 그러한 틀이 없다면 자유는 약자에 대한 강자의 지배로 변질될 위험이 있다.

질서의 붕괴가 자유에 미치는 영향

이런 철학은 역사 속 현실 사례로 거듭 확인됐다. 무정부 상태나 국가 실패(state failure)를 경험한 사회들의 사례를 살펴보면, 기본적 질서의 붕괴가 어떻게 자유의 상실로 이어지는지 명확히 알 수 있다.

소말리아는 1991년 독재자 시아드 바레의 몰락 이후 중앙정부가 사실상 붕괴된 상태로 수십 년간 무정부 상태를 겪었다. 정부의 부재는 자유의 확대로 이어지기는커녕, 군벌과 해적, 테러 단체들의 약탈과 폭력으로 이어졌다. 일반 시민들은 기본적 안전과 생존권조차 보장받지 못했다.

2011년 카다피 퇴진 후 리비아도 비슷한 수렁에 빠졌다. 중앙 권위가 깨지자 무장 세력이 땅과 자원을 두고 싸웠고, 나라는 내전에 잠겼다. 독재를 벗어났어도 자유가 넓어진 것은 아니었다.

시리아의 내전 역시 정치적 질서의 붕괴가 가져오는 비극을 보여준다. 2011년 시작된 반정부 시위와 내전은 수십만 명의 사망자와 수백만 명의 난민을 발생시켰다. 아사드 정권의 억압적 통치는 분명 비판받아야 하지만, 그것이 무너진 지역에서 IS와 같은 극단주의 세력이 더 가혹한 압제를 가했다는 사실은 시사하는 바가 크다.

이러한 사례들이 보여주는 것은 기본적 질서의 부재가 자유와 인권에 치명적임을 증명한다. 국가의 정당한 권위와 법치가 무너지면, 그 빈자리를 채우는 것은 무장 세력, 범죄 조직, 극단주의 집단들이다. 그들은 국가보다 더 잔인하고 자의적인 방식으로 시민들을 억압한다.

물론 이것이 모든 형태의 권위주의 체제를 정당화하는 것은 아니다. 독재 정권이 '안정'을 명분으로 자유와 인권을 억압하는 것은 결코 정당화될 수 없다. 관건은 자유와 질서의 균형이다. 민주주의와 법치주의, 기본권 보장을 통해 정당한 질서를 유지하면서도 개인의 자유를 최대한 보장하는 것이 이상적인 상태다.

경제적 자유와 제도적 질서

자유와 질서의 관계는 공적 영역뿐 아니라 경제 분야에서도 중요하다. 자유시장을 '무규제'로 오해하지만, 법·제도 틀이 없으면 시장은 작동하지 않는다.

애덤 스미스는 방임주의 아이콘으로 불리나, 그의 생각은 훨씬 섬세하다. 『국부론』의 '보이지 않는 손'을 말한 그가 『도덕감정론』에서는 정의·공감·존중 같은 도덕 토대를 중시했다.

스미스는 시장이 제대로 기능하기 위해서는 재산권 보호, 계약 이행, 공정 경쟁과 같은 기본적 규칙이 필요하다고 보았다. 이러한 규칙 없이는 시장은 약탈과 기만, 독점으로 변질될 위험이 있다. 다시 말해, 경제적 자유는 적절한 법적, 제도적 틀 속에서만 번성할 수 있다.

이러한 통찰은 현대 경제학에서도 여전히 유효하다. 더글러스 노스와 같은 신제도주의 경제학자들은 경제 발전에 있어 제도의 중요성을 강조한다. 노스에 따르면, 안정적인 재산권, 계약 집행, 거래 비용 감소와 같은 제도적 틀은 경제 성장과 번영의 필수 조건이다.

2008년 글로벌 금융위기는 규제 완화가 지나치게 진행될 때 발생할 수 있는 위험을 보여주었다. 복잡한 파생상품과 구조화 금융 상품에 대한 감독 부재는 시스템 전체의 불안정성을 증가시켰고, 결국 전 세계적 경제 위기로 이어졌다. 이는 자유 시장이 제대로 기능하기 위해서는 적절한 규제와 감독이 필요하다는 사실을 다시 한번 상기시켰다.

반대로 과잉 규제도 해악이 된다. 과도한 관료주의와 불필요한 규제는 기업가 정신을 억압하고 경제 활력을 저하시킨다. 핵심은 자유·책임, 혁신·안정의 균형이다. 그리고 그 균형을 찾는 과정에서 보수주의의 신중하고 현실적인 접근법이 중요한 역할을 할 수 있다.

프리드리히 하이에크는 『노예의 길』에서 경제적 자유와 정치적 자유의 밀접한 관계를 강조했다. 그는 경제 자유 없는 정치 자유는 반쪽이고, 국가가 경제를 틀어쥐면 개인 자유도 침해된다고 봤다. 그러나 하이에크도 시장엔 법의 지배라는 틀이 필요함을 인정했다.

윌리엄 버클리는 현대 미국 보수주의의 선구자로, 전통적 가치와 자유 시장, 강력한 국방을 결합한 보수주의 비전을 제시했다. 그는 "가능한 한 작은 정부가 최선이지만, 필요한 만큼 큰 정부는 불가피하다"라는 실용적 관점을 취했다. 이는 정부의 역할을 완전히 부정하는 것이 아니라, 그것을 필요한 기능으로 제한하려는 현실적 접근법이었다.

한국 사회의 자유와 질서

한국의 맥락에서 자유와 질서의 균형은 특히 중요한 의미를 갖는다. 한국은 권위주의 시대를 거쳐 민주화를 이룩했지만, 그 과정에서 다양한 도전과 시행착오를 경험했다.

박정희 시대는 경제 발전과 질서 확립이라는 명목으로 개인의 자유와 민주주의를 희생시켰다. 반면, 민주화 이후에는 때로 자유와 권리만 강조한 나머지 사회적 질서와 규범이 약화되는 경향도 있었다. 양 극단 모두 바람직하지 않다. 중요한 것은 자유와 질서, 권리와 책임 사이의 균형이다.

최근 몇 년간 한국 사회는 자유와 질서의 균형이 무너지는 위험한 순간들을 경험했다. 코로나19 팬데믹 초기에는 개인의 자유보다 방역과 공공 안전을 우선시하는 강력한 조치들이 취해졌다. 이러한 조치들은 일정 부분 효과적이었지만, 동시에 기본권 제한에 대한 우려도 제기되었다.

반면, 올해 초 비상계엄 사태는 '국가 안보'와 '질서 유지'라는 명분으로 헌법 절차와 민주주의 원칙이 심각하게 위협받은 사례다. 행정부가 헌법과 법률이 정한 절차를 무시하고 자의적으로 권력을 행사하려 했던 이 시도는 진정한 의미의 '질서'가 아니라, 오히려 헌정 질서의 파괴였다.

다행히도 시민들의 저항과 헌법적 절차에 따른 탄핵으로 이 위기는 극복되었다. 이 과정은 자유와 질서가 대립하는 것이 아니라, 상호 보완적이라는 사실을 다시 한번 확인시켜 주었다. 시민들은 단순히 '자유'만 외친 것이 아니라, 헌법적 질서와 법치주의의 회복을 요구했다. 그리고 그것은 궁극적으로 더 강하고 회복력 있는 민주주의로 이어졌다.

이러한 경험은 우리에게 중요한 교훈을 준다. 진정한 자유는 무질서나 방종이 아니며, 정당한 질서는 억압이나 독재가 아니다. 자유와 질서는 서로 대립하는 것이 아니라, 함께 번성하거나 함께 쇠퇴한다.

디지털 시대는 자유·질서 균형에 새 도전을 던진다. 인터넷과 소셜 미디어의 발달로 정보의 흐름과 표현의 자유는 크게 확대되었지만, 동시에 가짜 뉴스, 혐오 발언, 사이버 폭력과 같은 새로운 문제들도 등장했다.

초기 인터넷은 자유와 개방의 공간으로 묘사되었고, 많은 이들은 정부의 규제 없이 자율적으로 운영되는 사이버 공간을 꿈꿨다. 존 페리 바를로는 1996년 "사이버스페이스 독립선언"에서 기존 정부의 권위가 디지털 세계에는 적용되지 않는다고 주장했다.

그러나 시간이 지나면서 완전한 자율 규제의 한계가 드러났다. 플랫폼 기업들의 시장 지배력 강화, 개인정보 침해, 디지털 감시, 알고리즘 편향성 등의 문제가 제기되었다. 이는 디지털 공간에서도 자유가 번성하기 위해서는 적절한 규칙과 거버넌스가 필요하다는 것을 보여준다.

보수적 관점에서는 디지털 시대의 자유와 질서의 균형을 어떻게 바라봐야 할까? 첫째, 표현의 자유와 같은 기본적 가치는 디지털 공간에서도 보호되어야 한다. 둘째, 동시에 타인의 권리 침해, 명예훼손, 사기와 같은 행위는 적절히 규제될 필요가 있다. 셋째, 이러한 규제는 가능한 한 민간의 자율성과 창의성을 존중하는 방식으로 이루어져야 한다.

영국의 보수 철학자 로저 스크루턴은 『The Meaning of Conservatism(보수주의의 의미)』에서 디지털 시대에도 여전히 유효한 통찰을 제공한다. 그에 따르면, 권위는 단순한 권력이나 강제가 아니라, 공유된 가치와 규범에 기반한 정당한 영향력이다. 디지털 공간에서도 이러한 정당한 권위의 원칙이 적용될 필요가 있다.

인공지능과 알고리즘의 발전은 자유와 질서의 관계에 또 다른 차원의 복잡성을 더한다. 알고리즘은 객관적이고 중립적인 것처럼 보이지만, 실제로는 개발자의 가치관과 사회적 편향을 반영할 수 있다. 따라서 알고리즘적 거버넌스의 투명성, 책임성, 공정성을 확보하는 것이 중요한 과제다.

미국의 정치철학자 마이클 샌델은 『공정하다는 착각』에서 기술 발전이 가치 판단을 대체할 수 없다고 주장한다. 샌델에 따르면, 우리가 원하는 사회의 모습, 좋은 삶의 의미, 정의로운 제도의 특성과 같은 근본적 질문들은 여전히 공적 숙의와 민주적 논의를 통해 결정되어야 한다.

이러한 관점은 보수적 전통과 맞닿아 있다. 보수주의는 기술이나 시장, 관료제가 인간의 도덕적 판단과 공동체적 유대를 대체할 수 없다고 본다. 기술의 발전 속도가 빨라질수록, 인간적 가치와 윤리적 원칙의 중요성은 오히려 더 커진다.

자유와 질서의 균형에 있어 중요한 또 다른 영역은 문화와 교육이다. 자유로운 사회는 다양한 가치관과 생활방식의 공존을 허용한다. 그러나 동시에 이러한 다양성이 조화롭게 공존하기 위해서는 최소한의 공유된 가치와 규범이 필요하다.

여기서 '공유된 가치'란 특정 종교나 이념에 기반한 독단적 원칙이 아니라, 상호 존중, 관용, 법치주의, 민주적 절차에 대한 존중과 같은 기본적 시민 덕목을 의미한다. 이러한 덕목들은 다양한 배경과 신념을 가진 시민들이 평화롭게 공존하고 협력할 수 있는 토대를 제공한다.

역설적이게도, 진정한 다원주의는 무제한적 상대주의가 아니라 특정 공유 가치에 대한 합의를 필요로 한다. 무제한적 자유는 결국 강자의 자유만 보장하게 되고, 약자의 자유는 침해하게 된다. 따라서 자유를 보장하기 위한 최소한의 질서와 규범은 자유 그 자체의 지속가능성을 위해 필수적이다. 보수는 이러한 긴장 관계를 인식하고, 자유와 질서 사이의 섬세한 균형을 추구한다.

미국의 정치철학자 존 롤스는 『정치적 자유주의』에서 '중첩적 합의'(overlapping consensus)라는 개념을 제시했다. 이는 다양한 종교적, 철학적, 도덕적 관점을 가진 시민들이 각자의 포괄적 교리(comprehensive doctrine)에서 출발하더라도, 정치적 영역에서는 공정한 협력의 원칙에 합의할 수 있다는 관점이다.

롤스의 이론은 자유주의적 색채가 강하지만, 그가 강조한 '공적 이성'(public reason)의 개념은 보수적 관점에서도 중요한 의미를 갖는다. 공적 이성은 정치적 토론에서 모든 시민이 이해하고 수용할 수 있는 근거와 논리를 사용해야 한다는 원칙이다. 이는 공론장의 안정성과 민주적 논의의 질을 높이는 데 기여한다.

교육은 이러한 공유된 가치와 시민 덕목을 형성하는 핵심적 제도다. 보수적 관점에서 교육은 단순한 지식과 기술의 전수를 넘어, 문화적 유산과 시민적 덕성을 전달하는 과정이기도 하다. 교육은 개인의 자율성과 비판적 사고력을 키우면서도, 공동체의 지속가능성과 사회적 연대를 강화하는 균형 잡힌 접근이 필요하다.

미국의 교육철학자 E.D. 허쉬는 『Cultural Literacy(문화적 문해력)』에서 공유된 문화적 지식의 중요성을 강조했다. 허쉬는 민주 사회의 시민들이 효과적인 의사소통과 참여를 위해 특정 수

준의 공통 지식과 문화적 참조점을 공유할 필요가 있다고 보았다. 이는 사회적 연대와 민주적 논의의 질을 높이는 데 기여하기 때문이다.

허쉬의 관점은 종종 '전통적' 혹은 '보수적' 교육관으로 분류되지만, 그의 목적은 엘리트주의가 아니라 민주주의의 강화였다. 그는 모든 아이들, 특히 사회경제적으로 불리한 환경의 아이들이 사회의 공유된 지식에 접근할 수 있어야 한다고 주장했다. 이는 지식의 불평등이 사회적, 경제적 불평등을 심화시키는 것을 방지하기 위함이었다.

한국 사회에서도 교육은 자유와 질서의 균형을 고려해야 할 중요한 영역이다. 과거 권위주의 시대의 획일적, 주입식 교육에서 벗어나 학생들의 자율성과 창의성을 존중하는 방향으로 변화해 왔지만, 동시에 공동체적 가치와 시민적 덕목을 함양하는 교육적 토대도 중요하다.

특히 우리 사회가 경험한 압축적 근대화와 급격한 세대 간 문화적 단절은 공유된 가치와 규범의 약화로 이어질 위험이 있다. 이에 대응하여 보수적 관점에서는 전통과 현대, 개인과 공동체, 자율성과 책임 사이의 균형을 추구하는 교육 비전이 필요하다.

법치주의: 자유와 질서의 균형점

자유와 질서의 균형을 유지하는 데 있어 핵심적인 원칙은 '법치주의'(rule of law)다. 법치주의는 모든 시민과 정부가 공개적으로 제정되고 공정하게 적용되는 법에 구속된다는 원칙이다. 이는 자의적 권력 행사를 방지하고, 개인의 자유와 권리를 보호하는 근본적 장치다.

1215년 영국의 마그나 카르타(Magna Carta) 이래로, 법치주의는 현대 자유민주주의의 핵심 원칙으로 발전해왔다. 법치주의의 요소에는 법 앞의 평등, 공정한 재판을 받을 권리, 소급 입법 금지, 명확성의 원칙, 정당한 절차의 보장 등이 포함된다.

독일의 법학자 프란츠 노이만(Franz Neumann)은 『Behemoth: The Structure and Practice of National Socialism(비헤모스)』에서 나치 체제가 어떻게 법치주의를 해체하고 자의적 권력 행사의 체제로 전환했는지 분석했다. 노이만에 따르면, 법치주의의 파괴는 전체주의의 첫 단계이며, 법적 예측가능성과 안정성의 상실은 개인의 자유와 존엄성에 치명적이다.

법치주의가 단순히 '법에 의한 통치'가 아니라 '법의 지배'를 의미한다는 점은 중요하다. 전자는 법이 권력 행사의 도구가 될 수 있음을 의미하지만, 후자는 법 자체가 권력을 제한하고 규율하는 원칙임을 강조한다. 법치주의는 형식적 합법성을 넘어, 실질적 정당성과 기본권 보장을 포함한다.

2024년 12월, 우리 사회가 경험한 비상계엄 사태는 법치주의의 중요성을 다시 한번 일깨웠다. '국가 안보'와 '사회 질서'를 명분으로 헌법 절차와 법적 제약을 무시하려는 시도가 있었다. 그러나 그것은 진정한 의미의 질서가 아니라 질서의 파괴였다. 다행히 시민들의 저항과 헌법적 절차에 따른 탄핵으로 법치주의가 회복되었지만, 이러한 위기는 민주주의의 취약성을 보여주었다. 나는 그 사태를 지켜보며 민주주의가 얼마나 쉽게 흔들릴 수 있는지 두려움을 느꼈다.

헌법학자 고유환 교수는 "법치주의는 민주주의의 필요조건이지만 충분조건은 아니다"라고 지적한 바 있다. 즉, 법치주의 없이는 민주주의가 존립할 수 없지만, 법치주의만으로 민주주의가 보장되지는 않는다. 법치주의는 시민의 참여와 감시, 공적 토론과 비판, 권력 분립과 견제와 균형의 원칙이 함께 작동할 때 민주주의를 지탱하는 기둥이 될 수 있다.

이러한 맥락에서, 보수적 관점은 법치주의의 중요성을 강조하면서도 그것이 기계적 법리주의로 환원되어서는 안 된다는 점을 인식한다. 법은 공동체의 공유된 가치와 규범, 역사적 경험과 지혜를 반영해야 하며, 그것의 해석과 적용은 형식적 논리를 넘어 실질적 정의와 공동선을 고려해야 한다.

자유와 질서의 균형은 국제 관계에서도 중요한 의미를 갖는다. 국제 사회는 근본적으로 무정부 상태(anarchy)의 특성을 갖는다. 즉, 국가들 위에 존재하는 중앙 권위체가 없기 때문에, 국가 간 관계는 종종 힘의 논리에 지배된다.

이러한 환경에서 국제적 규범과 제도, 동맹과 협력은 힘의 균형과 예측 가능성을 제공함으로써 각국의 안보와 번영에 기여한다. 2차 세계대전 이후 구축된 자유주의적 국제 질서—UN, WTO, IMF, 세계은행 등의 다자 기구와 인권, 주권, 비폭력 원칙 등의 규범—는 불완전하지만 상대적 평화와 번영의 시대를 가능하게 했다.

보수적 국제 관계론은 이상주의적 환상을 경계하면서도, 국제적 규범과 제도의 안정화 효과를 인정한다. 한스 모겐소(Hans Morgenthau)와 같은 고전적 현실주의자들은 국가 이익과 힘의 중요성을 강조했지만, 동시에 외교, 국제법, 다자 기구의 역할도 인정했다.

헨리 키신저는 『헨리 키신저의 세계 질서』에서 세계 질서는 힘과 정당성 사이의 미묘한 균형에 의존한다고 주장했다. 순수한 힘의 관계는 지속가능하지 않으며, 어떤 형태로든 공유된 규범과 가치에 기반한 정당성이 필요하다는 것이다.

한국과 같이 지정학적으로 복잡한 환경에 놓인 중견국에게 국제적 규범과 제도, 동맹 관계는 특히 중요하다. 한국은 강대국들 사이에서 생존과 번영을 추구해야 하는 역사적 과제를 안고 있으며, 이를 위해서는 법치와 규범에 기반한 국제 질서가 유지되는 것이 핵심적 이익이다.

따라서 한국의 보수적 외교안보 정책은 이상주의적 환상을 경계하면서도, 다자주의와 규범 기반 질서를 지지하는 현실주의적 접근을 취해야 한다. 한미동맹을 중심으로 안보를 확보하면서도, 다양한 협력 네트워크를 구축하고 국제적 규범과 제도의 발전에 기여하는 균형 잡힌 외교가 필요하다.

균형 속 지속가능한 자유

지금까지 살펴본 바와 같이, 자유와 질서는 대립하는 것이 아니라 상호 보완적이다. 적절한 질서가 없다면 자유는 지속될 수 없으며, 자유를 존중하지 않는 질서는 결국 억압으로 변질된다. 이 두 가치의 균형을 찾는 것이 보수주의의 핵심적 과제다.

프리드리히 하이에크는 다음과 같이 말했다. "자유는 법 없이 존재할 수 없다. 자유는 법의 산물이다...자유란 모든 강제의 부재가 아니라, 자의적 강제의 부재다"(Hayek, 1998). 자유를 보장하는 것은 질서의 부재가 아니라, 정당하고 제한된 질서다.

현대 사회는 복잡하고 다원적이며 급속히 변화하는 특성을 갖는다. 이러한 환경에서 자유와 질서의 균형점은 고정불변이 아니라, 끊임없이 재조정되어야 한다. 기술 발전, 사회경제적 변화, 문화적 다양성 확대에 따라 법과 제도, 규범과 관행도 적응하고 발전해야 한다.

보수는 이러한 변화와 적응의 필요성을 인정하면서도, 동시에 기본적 원칙과 가치의 지속성을 중시한다. 변화는 필연적이지만, 그 속도와 방향, 범위는 신중하게 관리되어야 한다. 급진적 변화는 예측하지 못한 결과를 낳을 수 있으며, 소중한 가치와 제도가 무분별하게 파괴될 위험이 있다.

2025년 조기 대선을 앞둔 시점에서, 우리 사회는 자유와 질서의 균형에 대해 다시 한번 성찰할 필요가 있다. 비상계엄과 탄핵을 거치며 민주주의의 취약성과 회복력을 동시에 경험한 우리는, 헌법적 가치와 법치주의, 기본권과 책임, 자유와 안정 사이의 균형을 어떻게 유지할 것인가라는 질문에 직면해 있다.

나는 이 균형을 찾는 과정에서 보수적 관점이 중요한 지침을 제공할 수 있다고 믿는다. 보수는 자유와 질서를 대립항으로 보지 않고, 상호 보완적 가치로 인식한다. 자유는 적절한 질서의 틀 안에서만 번성할 수 있으며, 정당한 질서는 자유를 보호하고 가능하게 하는 조건이다.

자유를 지키려면 최소한의 질서가 필수다. 이것이 내가 보수를 택한 또 다른 이유다.

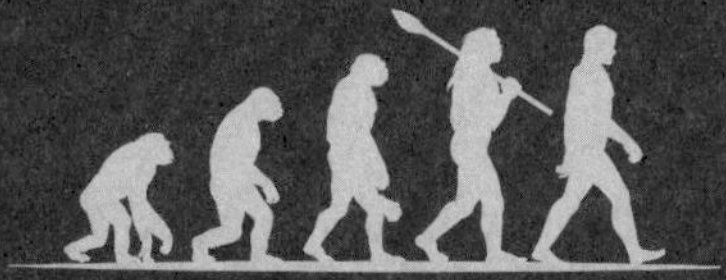

제5장

공동체의 붕괴와 보수의 귀환

서울 강북구 한 아파트에서 70대 노인이 숨진 지 한 달 만에 발견됐다는 보도가 있었다. 그 뉴스를 접한 나는 한동안 먹먹함을 감출 수 없었다. 이웃 주민의 신고로 경찰이 들어가 보니, 그는 이미 오래전에 사망한 상태였다. 냉장고에는 유통기한이 한 달 전에 지난 우유와 반찬 몇 개만 덩그러니 남아 있었다. 노인의 휴대폰에는 마지막으로 걸려온 전화가 3개월 전 통신사의 요금 안내였다.

이른바 '고독사'는 이제 드문 소식이 아니다. 2024년 보건복지부 고독사 사망자 실태조사에 따르면, 한국에서 연간 3,661명 이상이 홀로 죽음을 맞이하고 있다. 하루 평균 8명꼴이다. 더 충격적인 사실은 고독사가 노인만의 일이 아니라는 점이다. 요즘은 40대, 심지어 30대에서도 고독사가 늘고 있다.

현대 한국 사회에서 고독사의 증가는 공동체 붕괴의 극단적 징후다. 조사에선 서울 시민 10명 중 4명이 "아플 때 도움 줄 이웃이 없다"고 답했다. 3명 중 1명은 "최근 한 달간 이웃과 의미 있는 대화를 못 했다"고 했다.

이러한 현상은 한국만의 문제가 아니다. 미국의 사회학자 로버트 퍼트남은 『나 홀로 볼링: 사회적 커뮤니티의 붕괴와 소생』에서 미국 사회의 '사회적 자본'(social capital) 감소를 분석했다. 퍼트남에 따르면, 미국인들은 지역사회 활동, 자원봉사, 종교 활동, 정치 참여, 심지어 친구와의 만남까지 점점 줄이고 있다. 그는 이를 "혼자 볼링 치는 사람들의 증가"라는 상징적 이미지로 표현했다.

"우리는 어떻게 이런 사회가 되었는가?
가족이 해체되고, 이웃 간 유대가 사라지고,
공동체적 책임감이 약화된 사회를
어떻게 다시 회복할 수 있을까?"

이것이 오늘 내가 던지고자 하는 질문이다. 그리고 이 질문에 답하는 과정에서, 보수적 관점이 제공할 수 있는 통찰이 무엇인지 살펴보고자 한다.

공동체의 역사적 의미와 중요성

공동체의 개념은 인류 역사만큼이나 오래되었다. 인간은 본질적으로 사회적 동물이며, 가족, 부족, 마을과 같은 다양한 형태의 공동체 속에서 살아왔다. 아리스토텔레스는 인간을 '폴리스적 동물'(zoon politikon)로 정의했다. 즉, 인간은 본성적으로 공동체 속에서 살도록 만들어진 존재라는 것이다.

전통적 공동체는 다양한 기능을 수행했다. 그것은 구성원들에게 물질적 안전과 정서적 지지를 제공했고, 정체성과 소속감의 원천이 되었으며, 윤리적 규범과 문화적 전통을 전수하는 매개체였다. 공동체는 또한 세대 간 연결고리로서, 노인의 지혜와 경험이 젊은 세대에게 전해지는 통로였다.

이러한 전통적 공동체는 근대화 과정에서 점차 약화되었다. 산업혁명과 도시화는 농경사회의 공동체적 유대를 해체했고, 개인주의와 자유주의의 확산은 집단적 정체성보다 개인의 자율성을 강조했다. 이러한 변화는 많은 측면에서 긍정적이었다. 개인은 전통적 공동체의 억압과 제약에서 벗어나 더 많은 자유와 기회를 얻게 되었다.

그러나 이러한 변화는 동시에 깊은 상실감과 소외감을 낳기도 했다. 독일의 사회학자 페르디난트 퇴니스는 19세기 말 『공동사회와 이익사회: 순수사회학의 기본개념』에서 전통적 '공동체'(Gemeinschaft)와 근대적 '사회'(Gesellschaft)를 구분했다. 전자는 혈연, 지연, 정서적 유대에 기반한 유기적 결합이라면, 후자는 계약, 이익, 합리적 계산에 기반한 기계적 결합이라는 것이다.

퇴니스의 분석은 결코 단순한 복고주의가 아니었다. 그는 근대적 '사회'의 혜택을 인정하면서도, 그와 동시에 전통적인 공동체적 유대가 사라지면서 발생하는 문제점들을 날카롭게 지적했다. 이러한 통찰은 에밀 뒤르켐의 '아노미(anomie)' 개념으로 이어졌다. 뒤르켐은 『자살론』에서 전통적인 규범과 사회적 유대가 약해질 때 사람들이 느끼는 아노미 현상을 심층적으로 분석했다. 여기서 아노미란, 사회의 명확한 규범이나 가치관이 부재하거나 무너졌을 때 개인들이 경험하는 혼란과 무질서 상태를 의미한다. 개인은 이러한 상태에서 삶의 목적이나 방향을 상실하게 되고, 이는 결국 무의미와 소외감을 야기한다. 즉, 아노미는 사회적 연결의 약화가 초래하는 심리적·사회적 문제를 드러내는 중요한 개념인 것이다.

20세기 중반의 철학자 한나 아렌트는 『전체주의의 기원』에서 공동체 해체와 정치적 전체주의의 관계를 탐색했다. 아렌트는 '가족, 교회, 지역사회' 같은 중간 집단이 무너지면, 사람들은 혼자 남게 된다고 했다. 그때 사람들은 강한 이념이나 권위에 쉽게 끌릴 수 있다고 경고했다. 공동체적 유대와 정체성을 상실한 '원자화된' 개인들은 새로운 소속감과 의미를 찾아 극단적 이념에

매료될 수 있다는 것이다.

이러한 역사적, 이론적 맥락 속에서 현대 사회의 공동체 붕괴를 바라볼 필요가 있다. 오늘날 우리가 경험하는 공동체 해체는 단순한 사회 현상이 아니라, 근본적인 인간 조건과 관련된 문제다.

한국의 압축적 근대화와 공동체 붕괴

한국 사회의 공동체 붕괴는 특히 압축적 근대화의 맥락에서 이해해야 한다. 서구 사회가 200년 이상에 걸쳐 경험한 변화를 한국은 불과 60여 년 만에 압축적으로 겪었다. 1960년대 초 한국은 여전히 농업 중심 사회였다. 당시 인구의 70% 이상이 농촌에 거주했으며, 확대가족 제도와 마을 공동체가 중요한 사회적 안전망으로 기능했다.

그러나 급속한 산업화와 도시화는 이러한 전통적 공동체 구조를 근본적으로 변화시켰다. 1990년대에 이르러 한국 인구의 80% 이상이 도시에 거주하게 되었고, 핵가족화가 급속히 진행되었다. 농촌 공동체는 해체되었고, 도시의 익명성 속에서 새로운 형태의 공동체를 형성하는 것은 쉽지 않았다.

이러한 변화의 속도는 세대 간 문화적 단절을 심화시켰다. 불과 한 세대 만에 생활방식, 가치관, 의사소통 방식이 완전히 달라졌다. 농촌 사회에서 자란 부모 세대와 디지털 시대에 성장한 자녀 세대 사이의 간극은 더욱 커졌다. 이는 단순한 '세대 차이'를 넘어, 서로 다른 세계에 사는 것과 같은 문화적 단절을 의미했다.

한국의 급속한 경제 발전은 물질적 풍요를 가져왔지만, 동시에 엄청난 경쟁 압력과 스트레스도 초래했다. '압축 성장'의 이면에는 '압축 피로'가 자리잡고 있었다. 특히 1997년 외환위기와 2008년 글로벌 금융위기를 거치며, 경제적 불안정성이 증가하고 사회적 양극화가 심화되었다.

이러한 환경에서 개인주의적 경향이 강화되었다. 생존과 성공을 위한 치열한 경쟁 속에서, 공동체적 유대와 연대는 점차 부차적인 것으로 여겨졌다. 특히 신자유주의적 가치관의 확산은 '자기계발', '자기책임', '개인 성취'를 강조하며, 공동체적 관점을 더욱 약화시켰다.

결과적으로 오늘날 한국 사회는 심각한 공동체 위기에 직면해 있다. 1인 가구의 급증(2020년 기준 전체 가구의 약 30%), 초저출산(통계청 <2023 출생통계>에 따르면, 합계출산율 0.72명으로 OECD 국가 중 최저), 노인 빈곤과 고독사 증가, 청년 고립과 사회적 단절 심화 등이 그 징후다.

더욱 우려되는 것은 이러한 추세가 자기 강화적 순환을 형성하고 있다는 점이다. 공동체의 약화는 개인의 고립과 소외를 심화시키고, 이는 다시 출산율 저하와 1인 가구 증가로 이어져 공동체를 더욱 약화시킨다. 이러한 악순환을 어떻게 끊을 수 있을까?

공동체 붕괴의 문제를 해결하기 위해, 먼저 공동체가 인간에게 왜 중요한지 근본적으로 성찰할 필요가 있다. 공동체는 단순한 선택적 소속이나 편의적 결사체가 아니라, 인간의 번영과 행복에 필수적인 조건이다.

공동체가 제공하는 첫 번째 가치는 '소속감'이다. 인간은 자신이 더 큰 무언가의 일부라는 느낌을 필요로 한다. 미국의 심리학자 아브라함 매슬로우는 인간 욕구의 위계에서 소속감과 사랑의 욕구를 기본적 생존 욕구 다음으로 중요한 단계로 설정했다. 소속감이 결여된 개인은 정서적 공허함과 실존적 불안을 경험하기 쉽다.

두 번째 가치는 '정체성'이다. 우리의 정체성은 상당 부분 우리가 속한 공동체와의 관계 속에서 형성된다. 캐나다의 철학자 찰스 테일러는 『자아의 원천들: 현대적 정체성의 형성』에서 정체성이 본질적으로 '대화적'(dialogical)이라고 주장했다. 즉, 우리는 타인과의 상호작용, 특히 우리가 소중하게 여기는 공동체와의 관계 속에서 자아를 형성한다는 것이다.

세 번째 가치는 '안전망'이다. 공동체는 위기와 어려움의 시기에 물질적, 정서적 지원을 제공한다. 가족, 이웃, 종교 공동체, 직장 동료들로부터의 지원은 복지국가의 공식적 안전망을 보완하는 중요한 역할을 한다. 특히 고령화 사회에서 공동체적 돌봄의 중요성은 더욱 커지고 있다.

네 번째 가치는 '의미와 목적'이다. 인간은 단순한 생존과 쾌락을 넘어, 의미 있는 삶을 추구한다. 오스트리아의 정신과 의사 빅터 프랭클은 『죽음의 수용소에서』에서 '의미에의 의지'(will to meaning)가 인간의 기본적 동기라고 주장했다. 공동체는 개인적 삶을 초월하는 더 큰 서사와 가치를 제공함으로써, 이러한 의미 추구에 중요한 맥락을 제공한다.

공동체의 이런 근본적 가치들을 깨닫고 보면, 공동체 붕괴는 단순한 사회 변화가 아니다. 인간 삶의 핵심 조건이 위협받는 심각한 문제라는 사실을 알 수 있다. 그리고 이 문제를 해결하려면 개인주의와 집단주의, 전통과 혁신, 안정과 변화 사이에서 균형을 찾으려는 보수적 관점이 꼭 필요하다. 실제로 SNS상에서는 수천 명과 연결돼 있지만, 막상 아플 때 찾아줄 친구 한 명이 없는 게 오늘날 공동체의 현실이다.

보수주의와 공동체의 가치

보수주의 전통은 공동체의 중요성을 일관되게 강조해왔다. 에드먼드 버크는 사회를 "살아 있는 자와 죽은 자, 그리고 아직 태어나지 않은 자들 사이의 계약"으로 묘사했다. 이러한 관점은 공동체를 단순한 현재의 개인들 간의 계약이 아니라, 세대를 초월하는 유기적 연속체로 이해한다.

버크는 또한 "작은 집단들"(little platoons)—가족, 교회, 지역사회 등—의 중요성을 강조했다. 그에 따르면, 이러한 중간 집단들은 개인과 국가 사이의 중요한 매개체이자 완충지대로서, 개인에게는 소속감과 정체성을, 사회에는 안정과 연속성을 제공한다.

이러한 버크의 통찰은 20세기 보수주의 사상가들에 의해 더욱 발전되었다. 로버트 니스벳은 『The Quest for Community: A Study in the Ethics of Order and Freedom(공동체의 탐구)』에서 현대 사회의 핵심 문제를 "공동체의 상실"로 진단했다. 그에 따르면, 국가 권력의 확대와 개인주의의 심화는 중간 집단들을 약화시키고, 이는 개인의 소외와 전체주의의 위험을 증가시킨다.

러셀 커크는 "변화 속의 지속성"을 추구하는 보수주의의 균형 잡힌 접근법을 옹호했다. 커크에게 있어 공동체는 단순한 개인들의 집합이 아니라, 세대를 뛰어넘는 "도덕적 상상력"의 전통이었다. 그는 급진적 개인주의와 전체주의적 집단주의를 모두 거부하고, 자유와 질서, 개인과 공동체의 조화를 추구했다.

로저 스크루턴은 보수주의의 핵심을 "익숙한 것에 대한 애착"으로 정의했다. 스크루턴에 따르면, 인간은 추상적 이념보다 구체적 관계와 경험을 통해 정체성과 의미를 형성한다. 따라서 가족, 지역, 국가와 같은 전통적 공동체에 대한 애착은 인간 번영의 필수 조건이다.

스크루턴은 또한 "오이코포비아"(oikophobia)—자신의 집(oikos)에 대한 혐오(즉, 자기 문화에 대한 혐오)—라는 개념을 통해 현대 사회의 위기를 분석했다. 그에 따르면, 현대인들은 종종 자신의 문화와 전통, 집단적 정체성에 대해 비판적 거리를 취하고자 하는 충동을 느낀다. 이러한 태도는 단기적으로는 해방감을 줄 수 있지만, 장기적으로는 소속감과 의미의 상실로 이어질 수 있다.

미국의 사회학자 로버트 벨라와 그의 동료들은 『Habits of the Heart(마음의 습관)』에서 미국 사회의 "개인주의의 전통"과 "공동체의 전통" 사이의 긴장을 분석했다. 그들은 극단적 개인주의가 민주주의의 토대를 약화시킬 수 있으며, 따라서 시민적 덕성과 공동체적 책임을 재활성화할 필요가 있다고 주장했다.

이러한 보수주의적 통찰들은 공동체 붕괴에 대응하기 위한 중요한 지침을 제공한다. 보수는 급진적 개인주의와 국가주의 사이의 중간 지대, 즉 시민사회와 중간 집단의 중요성을 강조한다. 이러한 관점은 개인의 자유와 존엄성을 존중하면서도, 그것이 공동체적 맥락 속에서만 완전히 실현될 수 있음을 인식한다.

공동체 회복을 위한 보수적 접근

한국 사회의 맥락에서 공동체 회복을 위한 보수적 접근은 어떤 모습일까? 그것은 단순히 전통적 가족 구조나 권위적 사회 질서로의 회귀를 의미하지 않는다. 오히려 변화하는 현실 속에서 공동체적 가치와 유대를 재창조하는 창의적 보수주의의 관점이 필요하다.

첫째, 가족 공동체의 중요성을 재확인하되, 다양한 가족 형태를 인정하고 지원할 필요가 있다. 전통적 핵가족만이 아니라, 한부모 가정, 조손 가정, 재혼 가정, 입양 가정 등 다양한 형태의 가족이 안정적으로 기능할 수 있도록 지원하는 정책이 필요하다. 구체적으로는 육아휴직 확대, 유연근무제 활성화, 돌봄 인프라 강화와 같은 일-가정 양립 정책과 함께, 가족 상담 및 교육 프로그램 확대, 세대 간 소통 촉진 프로그램 등이 필요하다. 이는 단순히 복지 차원의 접근이 아니라, 건강한 시민을 양성하고 사회적 유대를 강화하는 보수적 관점의 공동체 재건 전략이다.

둘째, 지역 공동체의 활성화를 위한 제도적, 문화적 지원이 필요하다. 도시 설계에서부터 주민 자치 활동, 마을 기업, 공유 경제에 이르기까지, 이웃 간 교류와 협력을 촉진하는 다양한 방안이 모색되어야 한다. 특히 주거 공간 설계에서 공동체적 요소를 강화하는 것은 중요한 과제다.

셋째, 세대 간 연대와 대화를 촉진하는 프로그램과 제도가 필요하다. 노인의 지혜와 경험이 젊은 세대에게 전수되고, 젊은 세대의 창의성과 활력이 노인 세대에게 공유되는 선순환 구조를 만들어야 한다. 멘토링, 세대 통합형 주거 단지, 디지털 격차 해소 프로그램 등이 이러한 연대를 촉진할 수 있다.

넷째, 시민사회와 자발적 결사체의 활성화를 지원해야 한다. 종교 단체, 동호회, NGO, 협동조합, 사회적 기업 등 다양한 중간 집단들이 건강하게 발전할 수 있는 법적, 제도적, 문화적 환경을 조성해야 한다. 이러한 단체들은 국가와 시장이 채울 수 없는 공동체적 유대와 사회적 자본의 원천이다.

다섯째, 디지털 시대에 맞는 새로운 형태의 공동체 모델을 발전시켜야 한다. 온라인과 오프라인을 연결하는 하이브리드 공동체, 관심사 기반 네트워크, 디지털 플랫폼을 활용한 지역 협력 등 새로운 가능성을 모색해야 한다. 기술은 공동체를 약화시키는 요인이 될 수도 있지만, 적절히 활용한다면 오히려 강화하는 도구가 될 수도 있다.

이러한 접근법의 핵심은 국가 주도의 하향식 해결책이 아니라, 시민들의 자발적 참여와 협력에 기반한 상향식 공동체 형성을 촉진하는 것이다. 정부의 역할은 공동체 활동을 가능하게 하는 제도적, 법적 환경을 조성하고, 필요한 자원과 인프라를 지원하는 데 있다.

공동체 붕괴와 보수의 귀환이라는 주제는 특히 최근 한국 사회의 정치적 지형 변화와 밀접한 관련이 있다. 지난 몇 년간 한국 정치에서 주목할 만한 현상 중 하나는 젊은 세대, 특히 20-30대 남성 사이에서 보수적 성향이 강화되는 추세다.

이러한 현상은 단순한 이념적 선호의 변화를 넘어, 보다 근본적인 사회적, 경제적, 심리적 요인들과 연관되어 있다. 특히 주목할 만한 것은 이들이 경험하는 공동체적 소속감과 연대의 부재, 그리고 그로 인한 불안과 고립감이다.

청년 세대는 불안정한 고용, 치솟는 주거비, 극심한 경쟁 등 다양한 사회경제적 어려움에 직면해 있다. 그러나 더 근본적인 문제는 이러한 어려움을 함께 나누고 극복할 수 있는 공동체적 유대와 연대의 약화다. 많은 청년들이 '각자도생'의 현실 속에서 고립감과 무력감을 경험하고 있다.

이러한 상황에서 일부 청년들이 보수적 가치—가족, 전통, 질서, 국가적 정체성 등—에 매력을 느끼는 것은 어찌 보면 자연스러운 현상일 수 있다. 그것은 개인주의와 세계시민주의의 추상성 속에서 상실된 소속감과 안정감에 대한 갈망의 표현일 수 있다.

물론 이러한 현상을 단순히 '보수 회귀'나 '젊은 층의 보수화'로 규정하는 것은 지나친 단순화일 수 있다. 오늘날 청년 세대의 정치적 태도는 기존의 진보-보수 구도로 쉽게 설명되지 않는 복잡성과 다양성을 보인다. 그들은 특정 이슈에 따라 진보적 입장과 보수적 입장을 선택적으로 취하는 경향이 있다.

그럼에도 불구하고, 이러한 현상은 공동체적 가치와 유대의 중요성, 그리고 그것이 정치적 선호와 갖는 연관성에 대해 중요한 시사점을 제공한다. 공동체의 붕괴는 단순한 사회적 현상이 아니라, 정치적, 문화적 지형을 근본적으로 재구성하는 힘을 갖는다.

올해 초 비상계엄과 탄핵 사태를 겪으며, 한국 사회는 다시 한 번 깊은 분열과 갈등을 경험했다. 그러나 이러한 위기 속에서도 우리는 헌법적 가치와 민주주의 원칙을 지키기 위한 시민들의 연대와 협력을 목격했다. 이는 공동체적 유대가 위기 상황에서 얼마나 중요한 자원이 될 수 있는지를 보여주는 사례다.

조기 대선을 앞둔 지금, 우리는 어떤 사회를 만들어 가고 싶은가? 단순히 개인의 권리와 자유만 강조하는 사회인가, 아니면 공동체적 책임과 유대도 함께 소중히 여기는 사회인가? 이 질문에 대한 답은 우리의 집단적 미래를 결정할 것이다.

결론적으로, 공동체 붕괴에 대응하는 보수적 접근은 과거로의 회귀가 아니라, 변화하는 세계 속에서 소중한 가치와 유대를 재창조하는 창의적 보존의 과정이다. 보존할 가치가 있는 것을 보존하는 능력과 더 이상 지속가능하지 않은 것을 포기하는 용기를 결합할 때 진정한 보수가 된다.

공동체를 다시 세우는 일은 국가만의 과제가 아니라, 시민 한 사람 한 사람의 참여와 헌신을 요구하는 공동의 과제다. 그것은 우리가 어떤 사회에서 살기를 원하는지, 어떤 가치를 소중히 여기는지에 대한 근본적인 질문과 연결되어 있다.

공동체의 붕괴 속에서, 보수의 귀환이 필요하다고 믿는다. 그것은 과거 지향적 복고주의가 아니라, 인간의 사회적 본성과 공동체적 번영의 조건을 진지하게 고려하는 현실주의적 접근이다. 공동체를 재건하는 것. 그것이 보수가 오늘날 한국 사회에 기여할 수 있는 가장 중요한 과제이다.

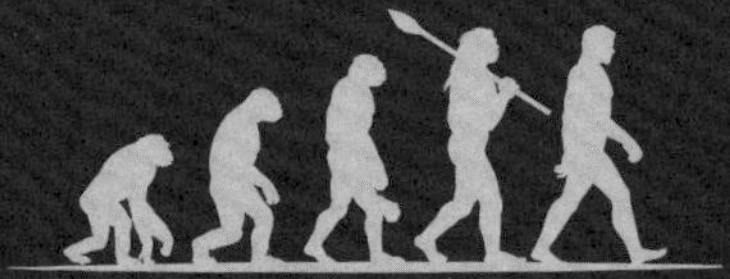

제6장

보수의 미래: 성찰적 보수로의 대전환

2024년 겨울, 한 청년 정책 토론회에서 있었던 일이다. 패널로 참석한 나는 보수주의의 가치에 대해 이야기하던 중, 한 20대 참가자의 날카로운 질문을 받았다.

"선생님, 보수 정당은 항상 전통과 안정을 말하는데,
그게 저희 청년들과 무슨 상관이 있습니까?
우리는 집도 못 사고, 결혼도 못하고,
아이도 못 낳는데 말입니다."

그의 목소리에는 분노와 좌절이 섞여 있었다. 그 순간 나는 깨달았다. 보수가 지켜온 것이 누구를 위한 것인지, 그리고 보수가 놓치고 있는 것이 무엇인지를.

보수의 세대 단절: 청년들은 왜 등을 돌렸나

통계는 냉정하다. 2022년 대선에서 20대 남성의 약 59%가 보수 성향 후보(윤석열)를 지지했다. 반면 20대 여성은 진보 성향 후보(이재명) 지지 비율이 높았다. 이는 청년층 내부의 이념 분화가 매우 뚜렷해졌음을 보여준다. 이는 20대 남성층의 보수화인가? 아니다. 불과 1년 후인 2023년 재보궐선거에서 20대 투표율은 대폭 하락했다. 특히 보수 후보 지지율은 더 큰 폭으로 하락했다.

왜 이런 극적인 변화가 일어났을까? 한국청년정책학회의 2023년 연구는 흥미로운 통찰을 제공한다. 청년층의 정치적 선택은 이념보다 실용에 기반하고, 자신의 문제를 해결해 줄 수 있는 정치 세력을 찾는다는 것이다. 문제는 보수가 청년들의 언어로 말하지 못한다는 것이다. "노력하면 성공한다", "열심히 하면 된다"는 전통적 보수의 메시지는 오늘날 청년들에게 공허하게 들린다. 평균 취업 준비 기간 11개월, 수도권 아파트 평균 가격 12억 원이라는 현실 앞에서, 개인의 노력만을 강조하는 것은 때로 잔인하기까지 하다.

더욱 심각한 것은 세대 간 불신의 골이 깊어지고 있다는 점이다. 기성세대는 청년들을 "노력이 부족하다"고 비판하고, 청년들은 기성세대를 "기회를 독점했다"고 원망한다. 이런 상호 비난의 악순환 속에서 사회적 연대는 무너지고 있다.

여기서 보수가 성찰해야 할 지점이 있다. 전통적 보수주의가 강조해온 '개인의 책임'과 '자기계발'의 메시지가 현대 사회의 구조적 문제들을 외면하고 있지는 않은가? 청년 실업, 주거 불안, 저출산 같은 문제들은 단순히 개인의 노력 부족으로 설명할 수 없는 시스템의 실패다.

세대 간 사회계약의 재구성

나는 이 문제의 해답을 '세대 간 사회 계약'의 재구성에서 찾고자 한다. 전통적 보수주의자들이 말하는 '사회 계약'은 주로 현재 세대 내의 관계에 초점을 맞춘다. 그러나 오늘날 필요한 것은 현재와 미래 세대 사이의 새로운 계약이다.

에드먼드 버크는 사회를 "산 자, 죽은 자, 그리고 아직 태어나지 않은 자들 사이의 계약"이라고 정의했다. 이 통찰은 오늘날 특히 중요하다. 현재 우리의 정치 시스템은 '산 자들'의 이익만을 대변한다. 미래 세대는 투표권이 없기 때문이다.

그 결과는 무엇인가? 국가채무의 급증, 연금 고갈 위기, 기후변화 대응 지연... 이 모든 것이 미래 세대에게 전가되는 부담이다. 2023년 결산 기준 한국의 국가채무는 1,126조 원을 기록했고, 2024년에는 1,175조 원으로 추산된다. 1인당 약 2,200만 원의

빚을 지고 태어난다는 의미다.

더구나 현재의 정치 시스템은 단기적 성과에 집착하는 '근시안적 민주주의'의 함정에 빠져 있다. 정치인들은 다음 선거에서 이기기 위해 장기적 관점을 포기한다. 유권자들도 당장의 혜택을 약속하는 정책에 표를 던진다. 이런 악순환 속에서 미래 세대의 이익은 체계적으로 배제된다.

캐나다의 정치학자 데이비드 레이콕은 이를 '시간적 식민주의'라고 표현했다. 현재 세대가 미래 세대의 자원과 기회를 착취하는 것이 마치 과거 제국주의 국가들이 식민지를 수탈했던 것과 같다는 것이다. 우리는 지금 우리 자녀들의 미래를 담보로 현재의 풍요를 누리고 있는 셈이다.

성찰적 보수의 네 가지 원칙

이러한 문제의식에서 출발하여, 나는 '성찰적 보수(Protectism)'라는 새로운 보수의 패러다임을 제안한다. 이는 전통적 보수의 가치를 계승하면서도, 미래 세대의 권익을 중심에 두는 진화된 보수주의다.

첫째, 모든 주요 정책 결정에 '미래영향평가제'를 도입해야 한다. 이는 환경영향평가처럼 정책이 미래 세대에 미칠 영향을 체계적으로 분석하는 제도다. 새로운 복지 정책을 도입할 때는 그 정책의 재원 마련 방안, 30년 후 수혜자와 부담자, 인구 구조 변화를 고려한 지속가능성 등을 먼저 검토해야 한다.

실제로 스웨덴은 1999년부터 '세대 간 회계' 제도를 운영하고 있다. 모든 정부 정책이 각 세대에 미치는 재정적 영향을 계량화하여 공개한다. 일본도 2010년부터 '미래부담 가시화 프로젝트'를 시행하고 있다. 정책 결정 과정에서 미래 세대의 부담을 명시적으로 고려하도록 한 것이다.

둘째, '재도전 인프라'를 구축해야 한다. 한국 사회의 가장 큰 문제 중 하나는 '실패에 대한 공포'다. 청년들이 공무원 시험에 몰리는 이유도 여기에 있다. 한 번의 실패가 인생 전체를 좌우한다는 두려움 때문이다.

보수는 전통적으로 '자기 책임'을 강조해왔다. 하지만 오늘날 필요한 것은 '책임 있는 재도전 시스템'이다. 창업 실패자를 위한 재기 교육 프로그램, 산업 전환기 실직자를 위한 직업 전환 지원, 평생교육 바우처 시스템, 사회안전망과 연계된 혁신 지원 정책이 필요하다. 덴마크의 '플렉시큐리티' 모델이 좋은 사례다. 유연한 노동시장과 강력한 사회안전망, 적극적 노동시장 정책을 결합하여 높은 고용률과 혁신을 동시에 달성했다. 실리콘밸리의 성공 신화도 실패를 용인하는 문화와 재도전을 지원하는 생태계 덕분이었다.

셋째, 안정적 성장과 사회 안전망의 균형을 추구해야 한다. 전통적 보수는 작은 정부와 시장 자유를 강조한다. 진보는 큰 정부와 복지 확대를 주장한다. 성찰적 보수는 이 이분법을 넘어선다.

핵심은 '스마트한 정부'다. 시장의 역동성을 해치지 않으면서도 필요한 곳에 효과적으로 개입하는 정부 말이다. 기본소득보다는 사회적 기여에 대한 보상인 '참여소득', 일률적 규제보다는 혁신을 위한 실험 공간을 제공하는 '규제 샌드박스', 전면적 복지보다는 청년 주거, 중년 재교육, 노년 돌봄 등 '생애주기별 맞춤 지원'이 필요하다.

영국의 보수당이 채택한 '레벨링 업'(Leveling Up) 정책도 참고할 만하다. 지역 간, 계층 간 격차를 줄이면서도 시장 메커니즘을 활용하는 접근법이다. 사회적 유동성을 높이면서도 개인의 책임과 인센티브를 강조하는 것이 특징이다.

넷째, 지속가능성을 정치화해야 한다. 기후위기, 저출산, 고령화 같은 장기 과제들은 정치적 시계, 즉 4-5년의 임기를 넘어선다. 성찰적 보수는 이런 문제들을 '정치화'해야 한다. 즉, 선거 이슈로 만들어야 한다는 것이다.

이를 위해 초당적 미래위원회 설치, 장기 국가전략의 법제화, 미래세대 대변인 제도, 세대 간 영향평가 의무화 같은 제도적 장치가 필요하다. 헝가리는 2008년부터 '미래세대 옴부즈만' 제도를 운영하고 있다. 웨일스는 2015년 '미래세대 복지법'을 제정해 모든 공공기관이 장기적 관점에서 정책을 수립하도록 의무화했다.

청년 보수의 부상과 과제

흥미로운 현상이 나타나고 있다. 최근 여론조사에서 20대 남성의 정치 성향이 급격히 보수화되고 있다는 것이다. 하지만 이는 전통적 의미의 보수화가 아니다. 청년층의 보수화는 이념적 선택이 아니라 실용적 선택이다. 그들은 공정한 경쟁, 능력주의, 개인의 자유를 중시한다. 이는 전통적 보수와는 다른 '신보수주의'의 특징이다.

실제로 2023년 한국청년정책학회 조사에 따르면, 20대가 보수 정당에 기대하는 것은 공정한 기회 보장(78%), 주거 문제 해결(72%), 일자리 질 개선(69%), 창업 및 혁신 지원(61%), 교육 기회 확대(58%) 순이었다. 이는 전통적 보수의 의제와는 상당히 다르다. 청년들은 '작은 정부'보다는 '똑똑한 정부'를, '전통 가치'보다는 '공정한 기회'를 원한다.

그러나 보수 진영의 가장 큰 결핍 중 하나는 2030 청년들의 가슴을 뛰게 하는 상징적 인물의 부재다. 진보 진영에는 노무현이라는 우상이 있다. 그는 청년들에게 '희망'과 '변화'의 상징으로 여전히 강력한 영향력을 발휘한다. 반면 보수 진영의 상징적 인물은 누구인가? 박정희? 이승만? 이들은 산업화와 국가 건설의 주역이지만, 디지털 네이티브인 오늘날의 청년들과는 시대적 간극이 너무 크다.

정치는 이성만의 영역이 아니다. 감성과 서사, 그리고 그것을 체현하는 인물이 있을 때 정치 운동은 비로소 대중적 열망으로 승화된다. 진보 진영이 노무현이라는 상징을 통해 '공정'과 '정의'의 가치를 청년들에게 효과적으로 전달했다면, 보수 진영에는 '자유'와 '혁신', '책임'의 가치를 체현하는 새로운 상징이 필요하다.

이런 맥락에서 보수 진영은 청년 세대와 소통할 수 있는 새로운 유형의 리더십을 발굴하고 육성해야 한다. 이는 단순히 젊은 정치인을 내세우는 것을 넘어, 청년들의 언어로 말하고, 그들의 고민을 진정성 있게 이해하며, 미래지향적 비전을 제시할 수 있는 인물이어야 한다. 보수의 핵심 가치인 자유와 책임, 혁신과 헌신을 현대적 언어로 재해석하고, 청년들이 직면한 현실적 문제들에 대한 해법을 제시할 수 있는 리더가 필요하다.

미국의 젊은 보수 논객 벤 샤피로, 영국의 개혁 보수주의자 마이클 고브, 캐나다의 청년 보수 운동가 매디슨 맥클리아리 같은 인물들은 해외에서 젊은 세대에게 보수 가치를 효과적으로 전달하는 사례다. 이들은 전통적 보수 가치를 고수하면서도, 현대적 언어와 매체를 활용해 청년들과 소통한다. 한국 보수 진영에도 이런 새로운 유형의 소통자가 출현해야 한다.

이러한 청년 보수의 등장은 보수 진영에 도전이자 기회다. 청년들의 실용주의와 개인주의는 보수의 핵심 가치인 자유와 책임, 경쟁과 혁신과 맞닿아 있다. 하지만 동시에 그들은 기성 보수 정치의 권위주의와 기득권 옹호에는 거부감을 느낀다.

일본의 경험도 참고할 만하다. 2010년대 들어 일본에서는 일본 유신회 등 개혁적 우파 정당이 부상했고, 일부 청년층이 전통 자민당과는 다른 실용적·혁신적 보수에 주목하는 경향도 나타났다. 이들은 전통적 자민당 보수와 달리 혁신과 개혁을 강조하면서도, 진보 진영의 이상주의적 접근에는 비판적이다. 합리성과 실용성을 중시하는 이들의 등장으로 일본 정치 지형이 재편되고 있다.

보수의 미래는 청년에게 있다

보수 정치의 가장 큰 위기는 세대 단절이다. 전통적 지지층인 50대 이상과 미래 유권자인 2030 세대 사이의 간극이 점점 벌어지고 있다. 하지만 역설적이게도, 이는 보수 혁신의 최대 기회이기도 하다. 청년 세대가 원하는 '공정', '기회', '혁신'은 사실 보수주의의 핵심 가치와 맞닿아 있다. 문제는 이를 어떤 언어로, 어떤 정책으로 구현하느냐.

나는 '성찰적 보수'가 그 답이 될 수 있다고 믿는다. 과거를 존중하되 미래를 책임지는 보수, 전통을 계승하되 혁신을 두려워하지 않는 보수, 개인의 자유를 중시하되 공동체적 연대를 잊지 않는 보수 말이다.

2025년, 또 다른 선거가 다가온다. 이번에는 보수가 청년들에게 이렇게 말할 수 있기를 바란다.

"우리는 당신들의 현재만이 아니라
미래도 함께 고민합니다.
당신들이 마주할 30년 후의 세상을
지금부터 준비하겠습니다.
실패를 두려워하지 마십시오.
우리가 재도전의 사다리를 놓겠습니다."

지금 우리 사회는 중대한 기로에 서 있다. 세대 갈등이 심화되고, 미래에 대한 불안이 커지고 있다. 이런 상황에서 보수가 할 일은 과거의 영광을 되새김질하는 것이 아니라, 미래 세대와 함께 새로운 사회계약을 맺는 것이다.

이것이 내가 꿈꾸는 21세기 보수의 모습이다. 세대를 아우르는 보수, 미래를 책임지는 보수. 그것이 진정한 의미의 '성찰적 보수주의'다. 보수가 젊은이들에게 외면받는 이유는 간단하다. 그들의 미래를 책임지지 않기 때문이다. 이제 보수는 선택해야 한다. 과거의 영광에 안주할 것인가, 미래 세대와 함께 새로운 역사를 쓸 것인가.

청년들은 묻고 있다. "당신들이 지키려는 것은 기득권입니까, 우리의 미래입니까?" 성찰적 보수는 이 질문에 대해 명확하게 대답해야 한다.

성찰적 보수는 청년의 미래를 지키겠다고. 그리고 그것이 진정한 보수의 사명이라고 말이다.

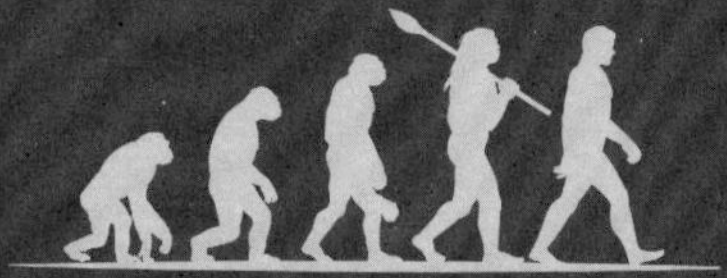

제7장

나는 왜 지금 보수를 선택하는가

어느 날 서점에서 베스트셀러 진열대를 살펴보다 문득 깨달았다. 진열대의 절반 이상이 '무엇이든 할 수 있다', '나만의 길을 찾아라', '규칙을 깨고 새로움을 추구하라'와 같은 메시지를 담은 자기계발서로 채워져 있었다. 이런 책들이 많은 독자들에게 영감과 용기를 주는 것은 사실이다. 그러나 개인의 무한한 가능성·자유만을 강조하는 사회는, 정작 중요한 무엇인가를 놓치고 있는 듯하다.

인간은 전통·공동체·규범·질서라는 토양 위에서야 비로소 진정한 자유를 누린다. 또한 보존할 가치가 있는 것을 지킬 때 혁신은 더욱 의미 있게 이루어진다. 무엇보다, 진정한 진보는 과거와의 단절이 아니라 과거의 지혜 위에서만 가능하다는 점을 우리는 잊지 말아야 한다.

이 깨달음이 바로 내가 지금 보수를 선택한 이유다.

비상계엄과 탄핵이라는 격변을 지나 조기 대선을 앞둔 지금, 우리 사회는 깊은 분열과 혼란 속에 있다. 어떤 이들은 급진적 변화만이 한국 사회의 문제를 해결할 수 있다고 주장한다. 다른 이들은 강력한 권위와 질서의 회복이 필요하다고 역설한다. 그러나 나는 이 두 극단 사이에서 균형 잡힌 제3의 길을 찾고자 한다. 그것이 바로 내가 말하는 '성찰적 보수(protectism)'의 길이다.

그렇다면 나는 왜, 그리고 어떤 의미에서 보수를 선택하는가? 지금까지 다섯 개의 장을 통해 보수주의의 다양한 측면을 탐색해왔다. 이제 마지막 장에서는 이 모든 논의를 종합하여, 내가 왜 지금 이 시점에 보수를 선택하는지, 그리고 그 보수가 어떤 모습이어야 하는지를 명확히 하고자 한다.

첫 번째 이유: 인간 본성에 대한 현실적 이해

내가 보수를 택한 첫째 이유는 인간 본성에 대한 현실 인식 때문이다. 인간 본성의 이중성과 한계를 인정하는 것이 현명한 정치의 출발이다. 인간은 이성적이지만 감정적이고, 이타적이지만 이기적이며, 협력과 경쟁을 오가는 존재로, 이 복잡성은 모든 정치 체제에서 반드시 고려돼야 한다.

진보가 인간 이성과 선함을 낙관한다면, 보수는 불완전성을 인정하되 점진 개선 가능성은 포기하지 않는다. 이는 현대 정치에서 중요하다. 이상적 인간관 기반 정책이 현실과 부딪칠 때 오히려 부작용이 크기 때문이다.

역사는 이상주의적 열망으로 시작된 많은 혁명적 시도들이 예상치 못한 결과로 이어진 사례로 가득하다. 프랑스 혁명은 자유, 평등, 박애라는 숭고한 이상으로 시작되었지만, 로베스피에르의 공포정치와 나폴레옹의 제국주의로 귀결되었다. 러시아 혁명은 계급 없는 평등 사회를 꿈꾸었지만, 스탈린의 전체주의 체제로 변질되었다. 중국의 문화대혁명은 새로운 인간과 사회를 창조하려 했지만, 수백만 명의 희생자를 낳았다.

이러한 역사적 교훈은 인간의 불완전성과 권력의 위험성을 일깨운다. 버크가 경고했듯이, "권력을 가진 자들은 그것을 남용하려는 유혹에 항상 노출되어 있다"(Burke, 2009). 이러한 경계심이 견제와 균형, 법치주의, 점진적 개혁과 같은 보수적 원칙의 기초가 된다.

마이클 오크숏은 보수적 기질을 다음과 같이 묘사했다: "보수적이라는 것은 익숙한 것을 선호하고, 시험되지 않은 것보다 시험된 것을, 미스터리보다 사실을, 현실보다 가능성을, 제한된 것보다 무한한 것을, 가까운 것보다 먼 것을, 충분한 것보다 넘치는 것을, 편리한 것보다 완벽한 것을, 현재의 웃음보다 미래의 환호를 선호하는 성향이다"(Oakeshott, 1991).

이러한 보수적 기질은 인간과 사회의 한계에 대한 인식에서 비롯된다. 그것은 비관주의나 체념이 아니라, 현실에 대한 겸손한 존중과 점진적 개선에 대한 믿음이다. 보수는 유토피아적 완벽함보다 현실적 개선을, 급진적 단절보다 점진적 연속성을 추구한다.

올해 초 비상계엄 사태는 한국 사회에서도 인간 본성의 취약성과 권력의 위험성을 다시 한번 확인시켜 주었다. 헌법과 법치주의의 틀을 뛰어넘으려는 시도는 결국 시민들의 저항과 헌법적 절차에 의해 저지되었지만, 이러한 경험은 민주주의의 취약성과 권력 남용의 위험을 생생하게 보여주었다.

두 번째 이유: 진보의 신앙화와 균형의 필요성

내가 보수를 고른 둘째 이유는 진보가 신앙처럼 굳어질 위험 때문이다. 진보 이념이 비판과 검증의 대상이 아닌 절대적 진리로 자리잡을 때, 그것은 독단과 불관용의 위험을 내포한다.

오늘날 '진보적'이라는 말은 마치 도덕적 우월성의 상징처럼 쓰인다. 반면 '보수적'이라는 말은 시대착오적인 낙인처럼 여겨지곤 한다. '진보/보수'라는 꼬리표가 붙는 순간, 정책의 실제 내용과 효과는 뒷전이 된다. 사람들은 그것이 진보인지 보수인지에 더 주목한다.

이러한 현상은 특히 대학과 언론, 문화계와 같은 지식 생산의 영역에서 두드러진다. 조너선 하이트와 그렉 루키아노프는 미국 대학의 '안전주의 문화'와 관점의 다양성 부족을 비판했다. 이러한 문화 속에서 특정 진보적 관점에 부합하지 않는 의견은 단순한 이견이 아니라 '해로운 것'으로 간주되기도 한다.

한국 사회에서도 유사한 현상이 관찰된다. '진영 논리'라 불리는 이분법적 사고가 사회적 논의를 지배하고, SNS를 중심으로 '취소 문화'가 확산되면서 다양한 관점의 공존과 대화가 어려워지고 있다.

이러한 흐름에 대응하여, 보수는 다양한 가치와 관점의 균형을 추구한다. 보수는 자유와 평등, 권리와 책임, 변화와 안정, 개인과 공동체 사이의 균형을 중시한다. 어떤 하나의 가치나 원칙이 절대화될 때, 다른 중요한 가치들이 희생될 수 있다는 점을 경계한다.

조르주 소렐은 『진보의 환상』에서 진보 이념의 종교적 성격을 비판했다. 그는 역사가 특정한 목적이나 방향을 가지고 있다는 생각은 과학적 사실이 아니라 종교적 믿음에 가깝다고 지적했다. "역사의 올바른 편"이라는 개념은 역사적 현실의 복잡성을 지나치게 단순화하고, 현재의 도덕적, 정치적 문제들을 이분법적 구도로 환원한다.

보수는 이러한 역사적 결정론을 거부하고, 각 시대의 특수한 맥락과 도전에 맞는 실용적 해결책을 모색한다. 그것은 추상적 이념보다 구체적 경험을, 이론적 완벽함보다 실질적 개선을 중시하는 접근법이다.

제임스 매디슨의 유명한 말대로 사람은 천사가 아니기에 제도적 견제가 필요하다(Madison, 2003). 그러나 현실에서 정부는 천사가 아닌 불완전한 인간들에 의해 운영된다. 따라서 어떤 개인이나 집단, 이념에도 절대적 권력을 부여해서는 안 된다. 이것이 보수가 권력 분립과 견제와 균형의 원칙을 중시하는 이유다.

세 번째 이유: 사회의 복잡성과 점진적 변화

내가 보수를 택한 셋째 이유는 사회를 유기체로 이해하기 때문이다. 사회는 단순한 기계가 아니라 복잡한 유기체다. 따라서 사회 변화는 기계적 설계가 아니라 유기적 적응의 과정이어야 한다.

버크가 말했듯이, "전통적 공동체는 세대를 잇는 유기적 연결망"이다(Burke, 2009). 이러한 관점에서 사회는 수많은 세대의 지혜와 경험, 시행착오가 축적된 결과물이다. 현존하는 제도와 관습, 규범은 단순한 관성이나 편견이 아니라, 오랜 세월에 걸쳐 형성된 적응적 지혜를 담고 있을 가능성이 크다.

프리드리히 하이에크는 '자생적 질서'(spontaneous order)의 개념을 발전시켰다. 그에 따르면, 복잡한 사회 질서는 어떤 단일 지성이 설계한 것이 아니라, 수많은 개인들의 행동과 상호작용을 통해 진화적으로 발전한다. 사회는 꼭 누군가 설계하지 않아도 스스로 조화를 찾아간다. 하이에크는 이처럼 각자의 판단과 행동이 모여 자연스럽게 만들어진 질서를 '자생적 질서'라고 불렀다.

이러한 통찰은 사회 변화에 대한 신중하고 점진적 접근의 필요성을 시사한다. 급진적 변화는 가시적인 문제점만 해결하려다 보이지 않는 복잡한 상호관계를 파괴할 위험이 있다. 버크의 표현을 빌리자면, "한 사회의 구조를 개조하는 일은 오래된 건물을 수리하는 것과 같다. 기존의 토대를 유지하면서 새로운 요소를 조심스럽게 통합해야 한다"(Burke, 2009).

한국 사회는 압축적 근대화 과정에서 급격한 변화를 경험했고, 그 과정에서 많은 성취와 함께 적지 않은 사회적 비용도 치렀다. 전통과 현대, 동양과 서양, 집단주의와 개인주의의 가치가 충돌하고 혼재하는 가운데, 우리는 종종 문화적 정체성과 연속성의 상실을 경험했다.

이러한 맥락에서 보수적 접근은 급진적 단절보다 유기적 연속성을, 이념적 순수성보다 실용적 종합을 추구한다. 그것은 한국의 역사적, 문화적 맥락을 존중하면서도, 새로운 도전에 적응하고 발전하는 길을 모색한다.

러셀 커크는 "변화 속의 지속성"을 보수주의의 핵심 원칙으로 제시했다. 그에 따르면, "건전한 사회 발전이란 혁명적 단절이 아니라, 전통과 혁신 사이의 창조적 균형"을 의미한다(Kirk,

2019). 이러한 균형은 과거의 지혜를 존중하면서도 현재의 도전에 창의적으로 대응하는 유연한 보수주의의 이상을 표현한다.

네 번째 이유: 자유와 질서의 상호의존성

내가 보수를 택한 넷째 이유는 자유는 질서 없이 번성할 수 없다는 깨달음 때문이다. 진정한 자유는 무질서나 방종과 다르며, 적절한 법적, 제도적, 문화적 틀 속에서만 번성할 수 있다.

자유주의적 전통에서 자유는 종종 '간섭의 부재'로 정의되지만, 보수적 관점에서 자유는 '자아실현의 조건'으로 이해된다. 진정한 자유는 단순히 외부적 제약의 부재가 아니라, 의미 있는 선택과 행동을 가능하게 하는 사회적, 문화적 맥락을 필요로 한다.

오크숏은 개인의 자유와 사회적 질서, 권리와 의무, 독립성과 소속감 사이의 균형을 중시했다. 그에게 있어 정치는 권력이나 이념의 문제가 아니라, 인간 공존의 조건을 모색하는 "대화"였다. 이러한 관점은 정치적 극단주의와 독단주의를 경계하고, 다양한 가치와 이익의 조화로운 균형을 추구한다.

소말리아, 리비아, 시리아와 같이 국가 기능이 심각하게 약화된 지역의 경험은 기본적 질서의 붕괴가 어떻게 자유의 상실로 이어지는지를 보여준다. 법치주의, 재산권 보호, 계약 이행, 공정 경쟁과 같은 기본적인 제도의 틀 없이는 시장 경제도, 시민 사회도, 민주주의도 제대로 기능할 수 없다.

경제학자 더글러스 노스는 '제도'의 중요성을 강조했다. 그에 따르면, 안정적이고 예측 가능한 제도적 환경은 경제 발전과 번영의 필수 조건이다. 재산권이 불안정하고 계약이 이행되지 않으며 부패가 만연한 사회에서는 장기적 투자와 혁신이 저해된다.

이러한 통찰은 자유 시장, 민주주의, 법치주의, 시민 사회와 같은 자유주의적 제도들이 특정한 문화적, 역사적 토양 속에서 발전했으며, 그러한 맥락에서 분리될 때 제대로 기능하지 못할 수 있음을 시사한다. 보수는 이러한 제도적, 문화적 기반의 중요성을 인식하고, 그것을 보존하고 발전시키는 데 주력한다.

올해 초 비상계엄 사태와 이에 따른 헌법적 위기는 법치주의와 민주적 절차가 얼마나 중요한지를 다시 한번 일깨웠다. 헌법적 질서를 무시한 극단적 조치는 잠깐은 사회 '안정'을 가져오는 듯 보일지 모른다. 그러나 결국엔 우리의 자유와 안정의 기반을 무너뜨릴 뿐이다. 진정한 안정은 법치주의와 민주적 정당성을 뒷받침될 때에만 가능하다.

보수는 이러한 교훈을 바탕으로, 자유와 질서, 권리와 책임, 개인과 공동체 사이의 균형을 추구한다. 그것은 어떤 하나의 가치를 절대화하는 것이 아니라, 다양한 가치들 사이의 창조적 긴장과 조화를 모색하는 접근법이다.

다섯 번째 이유: 공동체의 중요성과 보수의 귀환

내가 보수를 택한 다섯째 이유는 공동체 붕괴가 인간을 고립시키기 때문이다. 인간은 본질적으로 사회적 존재이며, 공동체적 유대와 소속감은 인간 번영의 필수 조건이다.

현대 사회에서는 개인주의와 소비주의의 확산, 도시화와 이동성 증가, 디지털 기술의 발전 등으로 인해 전통적 공동체 구조가 약화되고 있다. 가족 해체, 지역 공동체 붕괴, 세대 간 단절, 사회적 고립과 소외 등이 심각한 사회적 문제로 대두되고 있다.

보수는 이러한 공동체 위기에 대응하여, 가족, 이웃, 지역사회, 시민 단체, 종교 공동체와 같은 중간 집단의 중요성을 강조한다. 이러한 중간 집단들은 개인과 국가 사이의 중요한 매개체이자 완충지대로서, 개인에게는 소속감과 정체성을, 사회에는 안정과 연대를 제공한다.

니스벳은 현대 사회의 핵심 문제를 "공동체의 상실"로 진단했다. 그에 따르면, 국가 권력의 확대와 개인주의의 심화는 중간 집단들을 약화시키고, 이는 개인의 소외와 전체주의의 위험을 증가시킨다.

아렌트는 공동체 해체와 정치적 전체주의의 관계를 탐색했다. 아렌트에 따르면, 전통적 공동체와 중간 집단의 약화는 개인을 고립시키고 취약하게 만들어, 전체주의적 이데올로기에 더 쉽게 포섭되도록 한다.

한국 사회에서도 공동체 위기의 징후가 뚜렷하게 나타나고 있다. 1인 가구의 급증, 초저출산, 노인 빈곤과 고독사, 청년 고립과 사회적 단절 등이 심각한 사회 문제로 대두되고 있다. 이러한 현상은 단순한 개인의 선택이나 경제적 요인을 넘어, 공동체적 유대와 사회적 연대의 약화를 반영한다.

보수는 이러한 공동체 위기에 대응하여, 가족과 지역사회를 지원하고, 시민사회와 자발적 결사체를 활성화하며, 세대 간 연대를 촉진하는 정책과 문화적 변화를 추구한다. 그것은 단순히 과거의 공동체 형태로 돌아가자는 주장이 아니라, 현대적 맥락에서 공동체적 가치와 유대를 재창조하는 창의적 보존의 과정이다.

매킨타이어는 공동체와 전통, 서사(narrative)의 중요성을 강조했다. 그에 따르면, 인간은 자신이 속한 공동체의 공유된 서사와 실천을 통해 정체성과 도덕적 지향성을 형성한다. 따라서 공동체적 맥락과 전통의 상실은 도덕적 언어와 실천의 파편화로 이어질 수 있다.

이러한 통찰은 오늘날 한국 사회가 직면한 도덕적, 정치적 갈등과 분열의 맥락에서 특히 중요하다. 공유된 서사와 가치, 공동체적 유대가 약화될수록, 사회적 대화와 합의는 더욱 어려워지고 양극화는 심화된다. 보수는 이러한 위기에 대응하여, 공동의 역사와 문화, 가치에 기반한 사회적 연대와 통합을 추구한다.

내가 바라는 보수의 모습

지금까지 내가 보수를 선택하는 다섯 가지 이유를 살펴보았다. 인간 본성에 대한 현실적 이해, 진보의 신앙화에 대한 경계, 사회의 복잡성과 유기체적 성격에 대한 인식, 자유와 질서의 상호 의존성에 대한 이해, 그리고 공동체의 중요성에 대한 인식이 그것이다.

그러나 내가 말하는 보수는 단순한 과거 회귀나 현상 유지가 아니다. 그것은 소중한 가치와 제도를 보존하면서도, 현대 사회의 도전에 창의적으로 대응하는 '성찰적 보수(protectism)'다. 보존하는 능력과 포기하는 용기가 결합할 때 보수의 힘은 진정으로 발휘된다.

그렇다면 오늘날 한국 사회에서 성찰적 보수는 어떤 모습이어야 할까?

첫째, 그것은 헌법 가치와 민주주의 원칙을 굳건히 수호하는 보수여야 한다. 올해 초 비상계엄 사태에서 보았듯이, 보수의 이름으로 헌법적 가치와 민주적 절차를 훼손하는 것은 결코 정당화될 수 없다. 진정한 보수는 권력 분립, 법치주의, 기본권 보장과 같은 민주주의의 근본 원칙을 존중한다.

둘째, 그것은 시장 경제의 역동성과 사회적 연대의 가치를 함께 추구하는 균형 잡힌 보수여야 한다. 보수는 기업가 정신과 혁신을 장려하면서도, 사회적 약자에 대한 적절한 보호와 기회의 평등을 보장하는 정책을 지지한다. 이는 시장 만능주의나 국가 개입주의 어느 쪽도 아닌, 시장과 국가, 경쟁과 연대 사이의 균형을 모색하는 접근법이다. 영국의 전 총리 벤자민 디즈레일리가 발전시킨 '온정적 보수주의'(One Nation Conservatism)는 이러한 균형을 추구한 대표적 사례다. 디즈레일리는 산업혁명 이후 심화된 계급 격차와 사회적 분열을 우려하며, 보수당이 특정 계층이 아닌 "한 국가" 전체의 이익을 대변해야 한다고 주장했다. 그는 사회 개혁과 노동자 권리 보호를 통해 계급 간 화합과 국가 통합을 추구했다.

이러한 전통은 20세기 초 윈스턴 처칠의 사회 개혁으로 이어졌고, 2차 세계대전 이후에는 영국 보수당도 복지국가의 기본 틀을 수용하는 방향으로 발전했다. 이는 시장 경제의 역동성과 사회적 연대의 가치를 결합하는 균형 잡힌 접근법의 사례다. 한국의 맥락에서도 이러한 균형 잡힌 접근이 필요하다. 글로벌 경쟁과 기술 변화, 저출산 고령화 등의 도전 속에서, 경제의 역동성과 혁신을 촉진하면서도 사회 안전망을 강화하고 취약계층을 지원하는 정책적 균형이 요구된다.

셋째, 그것은 전통과 현대, 민족적 정체성과 세계시민의식을 조화시키는 열린 보수여야 한다. 보수는 한국의 역사와 문화, 전통적 가치를 소중히 여기면서도, 글로벌 시대의 다양성과 개방성, 국제 협력의 중요성도 인정한다. 이는 배타적 민족주의나 무분별한 세계주의 어느 쪽도 아닌, 뿌리 있는 세계시민의식을 추구하는 접근법이다. 영국 정치철학자 로저 스크루턴은 『The Need for Nations(국가의 필요)』에서 "건전한 애국심"(healthy patriotism)의 개념을 발전시켰다. 그에 따르면, 애국심은 단순한 민족적 우월감이나 배타성이 아니라, 특정 역사와 문화, 풍경, 제도에 대한 애착과 책임감을 의미한다. 이러한 애국심은 다른 문화와 전통에 대한 존중과 양립할 수 있으며, 오히려 그것을 위한 정서적, 도덕적 기반이 될 수 있다.

한국은 급속한 서구화와 세계화 과정에서 문화적 정체성과 연속성의 상실을 경험했다. 이제는 전통과 현대, 동양과 서양, 민족적 정체성과 세계시민의식 사이의 창의적 균형을 찾을 때다. 이는 과거 지향적 민족주의가 아니라, 한국의 역사와 문화에 뿌리를 둔 열린 세계관을 의미한다.

넷째, 그것은 환경 보존과 세대 간 정의를 중시하는 녹색 보수여야 한다. 보수의 어원 자체가 '보존하다'(conserve)에서 왔듯이, 자연 환경과 생태계의 보존은 보수적 가치와 깊이 연결되어 있다. 보수는 현 세대의 필요만 고려하는 것이 아니라, 미래 세대에 대한 책임도 함께 고려하는 장기적 관점을 취한다. 스크루턴은 환경 보호의 보수적 접근법을 발전시켰다. 그는 환경 문제를 단순한 이념적 좌우의 쟁점이 아니라, 모든 정치적 관점을 초월하는 공동의 과제로 보았다. 스크루턴에 따르면, 보수적 환경주의는 고향(home)에 대한 애착, 지역 공동체의 지혜, 세대 간 책임, 그리고 신중한 리스크 관리 원칙에 기반한다.

현재 한국 사회는 경제 성장과 환경 보호, 개발과 보존 사이의 균형을 모색하는 중요한 전환점에 있다. 성찰적 보수는 단기적 경제적 이익만이 아니라, 환경적 지속가능성과 미래 세대에 대한 책임도 함께 고려하는 균형 잡힌 접근을 추구해야 한다.

다섯째, 그것은 21세기의 새로운 도전에 대응하는 미래지향적 보수여야 한다. 인공지능, 디지털 전환, 기후변화, 인구 구조 변화와 같은 거대한 변화의 물결은 새로운 정치적, 사회적, 경제적 과제를 제기한다. 보수는 이러한 변화에 저항하는 것이 아니라, 핵심 가치와 원칙을 유지하면서도 창의적으로 적응하고 대응하는 능력을 보여주어야 한다. 영국의 보수주의 싱크탱크 브라이트 블루는 "자유주의적 보수주의"(liberal conservatism)라는 개념을 통해, 전통적 보수 가치와 현대적 도전 사이의 창의적 종합을 모색한다. 그들은 시장 경제와 사회적 정의, 개인의 자유와 공동체적 연대, 국가적 정체성과 국제 협력 사이의 균형을 추구한다.

한국의 맥락에서도 이러한 창의적 종합이 필요하다. 저출산 고령화, 노동시장 변화, 디지털 전환, 기후변화와 같은 21세기의 도전에 대응하기 위해서는 과거의 이념적 틀을 넘어선 새로운 보수의 비전이 필요하다.

창조적 보수의 길

이것이 내가 생각하는 성찰적 보수의 모습이다. 그것은 단순한 과거 회귀나 현상 유지가 아니라, 소중한 가치와 제도를 보존하면서도 변화하는 세계에 창의적으로 적응하는 균형 잡힌 접근법이다.

그렇다면 왜 '지금' 보수를 선택하는가? 그것은 현재 한국 사회가 직면한 특수한 맥락과 도전 때문이다.

첫째, 비상계엄과 탄핵이라는 격변 이후, 우리 사회는 정치적 극단주의와 분열의 위험에 노출되어 있다. 이런 상황에서 보수는 헌법적 가치와 민주주의 원칙, 법치주의와 권력 분립의 중요성을 재확인함으로써 정치적 안정과 균형의 회복에 기여할 수 있다.

둘째, 글로벌 경제 불확실성, 기술 변화, 저출산 고령화 등으로 인한 경제사회적 도전 속에서, 보수는 시장 경제의 역동성을 유지하면서도 사회 안전망을 강화하는 균형 잡힌 접근으로 지속가능한 번영의 길을 모색할 수 있다.

셋째, 가족 해체, 공동체 붕괴, 사회적 고립과 소외가 심화되는 상황에서, 보수는 가족과 공동체, 사회적 유대의 중요성을 재조명하고, 이를 현대적 맥락에서 재창조하는 방안을 제시할 수 있다.

넷째, 미중 갈등, 지정학적 불안정성, 글로벌 도전의 심화 속에서, 보수는 국가 안보와 국익을 지키면서도 국제 협력과 규범 기반 질서를 지지하는 현실주의적 외교안보 비전을 제시할 수 있다.

다섯째, 디지털 전환, 기후변화, 인구 구조 변화 등 21세기의 새로운 도전 앞에서, 보수는 핵심 가치와 원칙을 유지하면서도 창의적으로 적응하고 대응하는 미래지향적 비전을 발전시킬 수 있다.

물론 이러한 과제는 보수 단독으로 해결할 수 없다. 진보와 보수, 좌와 우의 건설적 대화와 협력이 필요하다. 진보 없는 보수는 생명력을 잃고, 보수 없는 진보는 뿌리를 잃는다. 두 관점은 서로를 견제하고 보완하면서 사회의 균형 잡힌 발전에 기여한다.

오크숏은 정치를 "대화"에 비유했다. 그에 따르면, 정치는 상이한 관점과 이익을 조화시키는 끝없는 대화의 과정이다. 이러한 관점에서 보수와 진보의 관계는 대립이 아니라 상호 보완적이다. 진보는 변화와 개혁, 평등과 사회 정의를 강조하고, 보수는 안정과 연속성, 자유와 책임을 중시한다. 두 관점의 창조적 긴장이 건강한 민주주의의 토대가 된다.

조기 대선을 앞둔 시점에서, 우리에게 필요한 것은 진영 논리에 기반한 극단적 대립이 아니라, 국가와 사회의 공동선을 위한 생산적 대화와 협력이다. 성찰적 보수는 이러한 대화에 건설적으로 참여함으로써, 한국 사회의 통합과 발전에 기여할 수 있다.

이 책을 시작하면서 나는 한 가지 질문을 던졌다. "변화를 거부하는 보수도, 무책임하게 모든 것을 해체하려는 진보도 아닌, 진짜 의미의 보수가 가능할까?"

지금까지의 논의를 통해, 그런 보수가 가능할 뿐 아니라 현재 한국 사회에 절실히 필요하다는 점을 밝히고자 했다. 그것은 인간과 사회의 한계를 인정하면서도 점진적 개선의 가능성을 믿고, 전통의 지혜를 존중하면서도 변화하는 세계에 창의적으로 적응하며, 개인의 자유와 공동체적 연대를 함께 추구하는 균형 잡힌 보수다.

보수가 없는 세상은 뿌리 없는 세상이고, 진보가 없는 세상은 희망 없는 세상이라는 말이 있다. 진정한 의미의 진보는 단절이 아니라 연속성 속에서, 파괴가 아니라 창조적 재해석을 통해 이루어진다. 그리고 진정한 의미의 보수는 과거에 갇히는 것이 아니라, 과거의 지혜를 바탕으로 현재와 미래의 도전에 창의적으로 대응하는 것이다.

내가 보수를 선택하는 것은 과거로 도피하기 위함이 아니라, 더 나은 미래를 위한 단단한 기반을 마련하기 위함이다. 그것은 두려움이나 불신의 표현이 아니라, 인간과 사회에 대한 현실적 이해와 희망의 표현이다.

여기서 한 가지 짚고 넘어가야 할 점은, 내가 옹호하는 보수가 현실 정치에서 종종 보수의 이름으로 행해지는 부정부패, 기득권 수호, 폐쇄적 엘리트주의, 변화에 대한 무조건적 거부와는 명확히 구분된다는 사실이다. 이러한 병폐는 진정한 보수주의의 가치를 왜곡하고 훼손하는 것으로, 결코 변호될 수 없다. 나는 이런 수구적 관행이 아닌, 헌법적 가치와 법치주의를 수호하고 개인의 자유와 책임, 공동체적 유대를 균형 있게 추구하는 '건강한 보수'를 선택한다. 이것이 내가 보수를 선택하는 진정한 이유이다.

"나는 왜 지금 보수를 선택하는가?" 이 질문에 대한 나의 답은 이렇다.

인간의 불완전함을 인정하면서도 더 나은 사회를 향한 점진적 개선의 가능성을 믿기 때문에, 다양한 가치와 관점의 균형을 통해 더 풍요롭고 조화로운 삶이 가능하다고 보기 때문에, 자유는 적절한 질서와 공동체적 맥락 속에서만 진정한 의미를 가진다고 믿기 때문에, 그리고 무엇보다 우리가 직면한 복잡한 도전들은 과거의 지혜와 현재의 창의성, 전통의 힘과 혁신의 활력을 함께 필요로 하기 때문에, 나는 보수를 선택한다.

그리고 그 선택은 과거로의 회귀가 아니라, 더 나은 미래를 향한 여정의 시작이다.

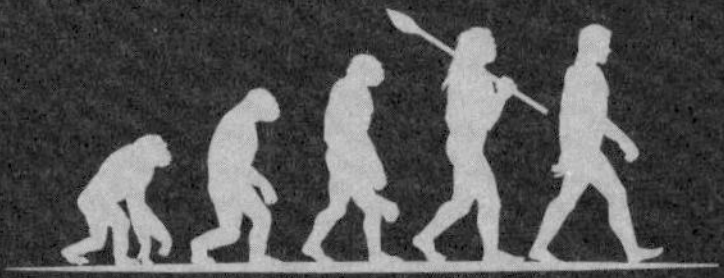

에필로그

'지킬 것'과 '바꿀 것' 사이에서

오늘 아침, 서재 창문 너머로 햇살이 스며들었다. 책장에 꽂힌 책들의 등면이 따스한 빛을 받아 더욱 선명해졌다. 문득 그 책들이 세대를 거쳐 전해진 지혜의 결정체임을, 그리고 그 속에 담긴 생각들이 시간의 강을 건너 지금 나에게 말을 걸고 있음을 느꼈다.

책을 쓰는 일은 과거와 미래 사이의 다리를 놓는 작업이다. 과거의 지혜를 현재의 언어로 재해석하고, 그것을 미래 세대에게 전하는 일. 특히 "보수"라는 주제에 대해 글을 쓴다는 것은, 어쩌면 '지킬 것'과 '바꿀 것' 사이의 미묘한 균형에 관한 성찰이 아닐까.

지난 일곱 장에 걸쳐 나는 왜 보수를 선택하는지, 그리고 그 보수가 어떤 모습이어야 하는지를 탐색해왔다. 인간 본성의 이중성과 한계, 진보 이념의 신앙화 위험, 사회의 유기체적 복잡성, 자유와 질서의 상호 의존성, 공동체의 중요성, 그리고 21세기 한국에서 성찰적 보수의 의미를 논의했다.

이 여정을 마무리하면서, 다시 한번 근본적인 질문으로 돌아가 보자. 무엇을 지키고, 무엇을 바꿀 것인가? 보수의 핵심은 바로 이 질문에 대한 균형 잡힌 응답에 있다.

무엇을 지킬 것인가

먼저, 민주주의의 근본 원칙과 헌법적 가치를 지켜야 한다. 권력분립, 법치주의, 기본권 보장, 정기적 선거를 통한 평화로운 권력 교체는 현대 민주주의의 토대다. 올해 초 비상계엄 사태에서 보았듯이, 이러한 원칙은 결코 당연시될 수 없으며, 끊임없는 경계와 수호가 필요하다.

독일의 법학자 칼 뢰벤슈타인은 『현대 헌법론』에서 민주주의가 스스로를 파괴하는 세력으로부터 자신을 보호할 수 있어야 한다고 주장했다. 즉, 민주주의는 단순한 절차적 규칙이 아니라, 적극적으로 수호해야 할 가치체계라는 것이다. 이러한 통찰은 오늘날에도 여전히 유효하다.

둘째, 시장 경제의 기본 원칙을 지켜야 한다. 재산권 보호, 계약 자유, 공정 경쟁, 기업가 정신은 경제적 번영과 혁신의 근간이다. 물론 시장의 한계와 실패도 인정하고, 적절한 규제와 안전망을 통해 그것을 보완해야 한다. 그러나 시장 메커니즘 자체의 가치와 중요성은 지켜야 할 핵심 원칙이다.

영국의 경제학자 존 케이는 『The Truth About Markets(시장의 진실)』에서 시장 경제의 성공이 단순한 '보이지 않는 손'의 작용이 아니라, 적절한 제도적 틀과 문화적 기반 위에서 가능하다고 지적했다. 이러한 관점은 시장 경제를 유지하면서도 그것을 건강하게 발전시키기 위한 균형 잡힌 접근의 중요성을 시사한다.

셋째, 가족과 공동체의 가치를 지켜야 한다. 가족은 사회의 기본 단위로서, 정서적 안정과 사회화, 돌봄과 세대 간 연결의 핵심 기능을 수행한다. 물론 가족의 형태와 역할은 시대에 따라 변화하지만, 그 근본적 가치와 중요성은 지켜야 할 요소다.

미국의 사회학자 앤드루 체린은 『Public and Private Families(공적 가족과 사적 가족)』에서 가족 구조의 다양화와 변화 속에서도 가족이 여전히 사회의 핵심 제도로 기능한다고 주장했다. 가족은 단순한 개인적 선택의 문제가 아니라, 사회적 안정과 아동 발달, 세대 간 연대의 중요한 기반이라는 것이다.

넷째, 문화적 유산과 정체성을 지켜야 한다. 언어, 역사, 예술, 전통은 한 사회의 집단적 기억과 정체성을 형성하는 중요한 요소다. 글로벌화와 디지털화의 물결 속에서, 이러한 문화적 뿌리와 연속성을 유지하는 것은 더욱 중요해진다.

캐나다의 철학자 찰스 테일러는 『자아의 원천들』에서 개인의 정체성이 본질적으로 대화적(dialogical)이며, 특정 문화적, 역사적 맥락 속에서 형성된다고 주장했다. 이러한 관점에서 문화적 전통과 유산은 단순한 과거의 유물이 아니라, 현재와 미래의 세대가 자신을 이해하고 세계와 소통하는 중요한 자원이다.

무엇을 바꿀 것인가

우선, 경직된 이념적 대립과 양극화를 넘어, 더 포용적이고 건설적인 정치 문화를 발전시켜야 한다. 한국 정치는 오랫동안 이념적, 지역적, 세대적 분열로 고통받아 왔다. 이제는 진영 논리를 넘어, 국가와 사회의 공동선을 위한 생산적 대화와 협력의 정치를 모색할 때다.

영국의 정치학자 데이비드 밀러는 『시민권과 국적』에서 건강한 민주주의의 조건으로 "심의 민주주의"(deliberative democracy)의 중요성을 강조했다. 이는 단순한 다수결이 아니라, 시민들의 적극적 참여와 합리적 토론, 상호 존중에 기반한 정치적 의사 결정을 의미한다.

둘째, 저출산, 고령화, 디지털 전환, 기후변화와 같은 21세기의 새로운 도전에 적응하는 경제사회 시스템을 발전시켜야 한다. 이는 고용, 복지, 교육, 연금, 의료 시스템의 근본적 재설계를 요구한다. 기존의 틀에 안주하는 것은 더 이상 선택지가 아니다.

경제학자 찰스 굿하트와 마노즈 프라다는 『인구 대역전: 고령화 사회, 불평등의 완화, 그리고 인플레이션의 귀환』에서 인구 구조 변화가 금리, 인플레이션, 불평등, 세대 간 부의 분배에 미치는 장기적 영향을 분석했다. 그들은 지난 30년간의 디스인플레이션과 저금리 시대가 끝나고, 새로운 경제적 패러다임이 도래할 것이라고 예측했다.

셋째, 기존의 성장 모델을 넘어, 환경적으로 지속가능하고 사회적으로 포용적인 경제 발전 방식을 모색해야 한다. 이는 단순한 정책 변화가 아니라, 성공과 발전, 좋은 삶에 대한 우리의 가치관과 관념을 재고하는 근본적 전환을 의미한다.

환경 경제학자 허먼 데일리는 『Steady-State Economics(정상 상태 경제학)』에서 무한 성장의 신화를 비판하고, 생태적 한계 내에서 번영하는 경제의 가능성을 탐색했다. 그의 통찰은 경제 성장과 환경 보전, 물질적 풍요와 생태적 지속가능성 사이의 새로운 균형을 모색하는 데 중요한 지침을 제공한다.

넷째, 디지털 시대에 맞는 새로운 공동체와 시민 참여의 형태를 발전시켜야 한다. 전통적 공동체가 약화되는 가운데, 온라인과 오프라인을 연결하는 하이브리드 공동체, 관심사 기반 네트워크, 디지털 시민 참여 플랫폼 등 새로운 가능성을 모색해야 한다.

로버트 퍼트남은 『우리 아이들: 아메리칸 드림의 위기』에서 공동체와 사회적 자본의 약화가 기회의 불평등과 세대 간 사회 이동성 감소로 이어진다고 분석했다. 그는 기술 변화와 사회적 분열 속에서도 공동체적 유대와 시민 참여를 재활성화할 수 있는 혁신적 접근법을 모색해야 한다고 주장한다.

다섯째, 전통적 가치와 현대적 감수성, 보편적 원칙과 한국적 특수성을 창의적으로 통합하는 문화적 내러티브를 발전시켜야 한다. 이는 단순한 서구화나 과거 회귀가 아닌, 한국의 역사와 문화에 뿌리를 둔 독창적 현대성을 모색하는 과정이다.

마이클 샌델은 정의에 대한 다양한 접근법—공리주의, 자유주의, 공동체주의—을 비교 분석하며, 각각의 강점과 한계를 검토했다. 그는 어떤 단일한 원칙이나 이론도 정의의 모든 측면을 포괄할 수 없으며, 다양한 도덕적 직관과 문화적 맥락을 고려한 균형 잡힌 접근이 필요하다고 주장한다.

지켜야 할 것, 바꿔야 할 것

지켜야 할 것과 바꿔야 할 것 사이, 그 섬세한 저울 위에 서 있는 태도. 그것이 내가 말하는 보수다. 그리고 그 균형은 고정된 것이 아니라, 시대와 상황에 따라 끊임없이 재조정되어야 한다. 에드먼드 버크가 말했듯이, "국가 개혁에 있어 가장 중요한 것은 보존의 정신과 개선의 능력을 결합하는 것"이다(Burke, 2009).

보수는 결코 과거의 모든 것을 무비판적으로 수용하는 태도가 아니다. 모든 전통과 제도, 관습이 보존할 가치가 있는 것은 아니다. 노예제, 성차별, 계급적 억압과 같은 과거의 부정의는 결코 정당화될 수 없다. 보수는 과거의 모든 것이 아니라, 과거 속에서 시간의 시험을 견뎌온 가치 있는 것들을 지키고 발전시키는 태도다.

마찬가지로, 보수가 모든 변화와 혁신을 거부하는 것도 아니다. 변화는 불가피하며, 많은 경우 바람직하다. 중요한 것은 변화의 속도와 범위, 그리고 그것이 이루어지는 방식이다. 보수는 거센 파도보다 잔잔한 흐름을, 외치는 이념보다 다져진 삶의 경험을, 벼락 같은 혁명보다 오래 쌓아 올린 개혁을 신뢰한다.

오크숏은 정치를 "대화"에 비유했다. 그에 따르면, 정치는 상이한 관점과 이익을 조화시키는 끝없는 대화의 과정이다. 이러한 관점에서 보수와 진보의 관계는 대립이 아니라 상호 보완적이다. 진보는 변화와 개혁, 평등과 사회 정의를 강조하고, 보수는 안정과 연속성, 자유와 책임을 중시한다. 두 관점의 창조적 긴장이 건강한 민주주의의 토대가 된다.

조기 대선을 앞둔 지금, 우리 사회는 깊은 분열과 불확실성 속에 있다. 비상계엄과 탄핵이라는 격변을 거치며, 많은 시민들이 정치적 피로감과 미래에 대한 불안을 느끼고 있다. 이런 상황에서 필요한 것은 극단적 대립이나 이념적 순수성이 아니라, 현실에 기반한 균형과 통합의 정치다.

내가 보수를 선택하는 것은 과거로 도피하기 위함이 아니다.

그것은 현재의 혼돈 속에서 미래로 나아갈 수 있는 단단한 발판을 찾기 위함이다. 에드먼드 버크가 말했듯이, "조심스럽게 걷는 사람은 큰 걸음을 내딛는 사람보다 더 멀리 갈 수 있다. 천천히 가는 사람은 더 오래 견딜 수 있고, 계속 나아갈 수 있다"(Burke, 2009).

보수는 쉬운 약속이나 화려한 비전을 제시하지 않는다. 그것은 인간과 사회의 불완전성을 인정하고, 점진적 개선의 어려운 길을 선택하는 현실주의적 태도다. 하지만 그런 겸손하고 신중한 접근법이 장기적으로는 더 지속가능하고 견고한 발전을 이끌 수 있다.

보수의 진정한 힘은 보존할 가치가 있는 것을 보존하는 능력에서 발휘되는 것을 넘어서 더 이상 지속가능하지 않은 것을 포기하는 용기를 결합할 때 드러난다. 이것이 내가 추구하는 보수의 모습이다. 전통과 혁신, 안정과 변화, 개인과 공동체, 자유와 책임 사이의 균형을 모색하는 '성찰적 보수(protectism)'의 길.

그래서 보수를 선택했다

책을 마무리하며, 다시 한번 프롤로그에서 던진 질문으로 돌아간다. "우리는 무엇을 지키고, 무엇을 바꿀 것인가?" 그리고 "나는 왜 보수를 선택하는가?"

앞에서 언급했듯이 친구들과의 모임에서 '보수'라는 단어를 꺼냈을 때 경험했던 그 낯선 시선들이 떠오른다. 그러나 이제 우리는 보수가 단순히 낡은 것을 고집하는 태도가 아니라, 인간과 사회에 대한 현실적 이해에 기반한 균형 잡힌 접근임을 알게 되었다.

나에게 보수란, 과거로 돌아가자는 말이 아니다.
이 시대를 견디기 위해 필요한 인간적 조건들을 지키는 일이다.
그리고 그 지키는 일을, 이제 나는 감히 선택하려 한다.

화려한 말은 없다. 혁명도 없다. 그러나 우리가 지켜야 할 것들은, 바로 우리가 사랑했던 것들이다. 가족, 신뢰, 품격, 그리고 공동체. 그것을 지키는 일이야말로, 지금 우리 시대의 가장 조용하고 가장 강한 저항이다. 지키는 일이 없다면, 우리는 뿌리 없는 나무처럼 흔들리고 말 것이다.

인간 본성의 이중성과 한계를 인정하고, 권력의 위험성을 경계하며, 자유와 질서의 균형을 추구하고, 공동체적 유대와 소속감의 중요성을 인식하는 일. 이런 보수적 통찰이 없다면, 우리는 이상주의적 열망에 사로잡혀 현실의 복잡성을 간과하거나, 혹은 냉소주의에 빠져 더 나은 미래에 대한 희망을 포기할 위험이 있다.

보수는 결코 완벽한 유토피아를 약속하지 않는다. 그것은 인간과 사회의 한계를 인정하면서도, 그 한계 내에서 최선을 다하는 현실주의적 태도다. 이것이 바로 내가 보수를 선택하는 이유다.

오늘 아침, 다시 서재 창문을 열어본다. 햇살은 여전히 따스하고, 책장의 책들은 묵묵히 제 자리를 지키고 있다. 그 책들처럼, 나도 내 자리에서 소중한 가치와 원칙을 지키며, 동시에 변화하는 세계에 창의적으로 적응하고 대응하는 균형 잡힌 삶을 살고자 한다.

'지킬 것'과 '바꿀 것' 사이에서, 나는 오늘도 조심스레 한 걸음을 내딛는다. 성찰적 보수의 길을 함께 걸어가자.

나는 왜 보수를 선택했는가
신앙이 된 진보에 대한 비판적 서설

참고문헌

Arendt, H. (1973). The origins of totalitarianism. Harcourt Brace Jovanovich. (Original work published 1951); 한나 아렌트, 『전체주의의 기원』, 이진우 옮김, 한길사, 2006.

Bellah, R. N., Madsen, R., Sullivan, W. M., Swidler, A., & Tipton, S. M. (1985). Habits of the heart: Individualism and commitment in American life. University of California Press.

Burke, E. (2009). Reflections on the revolution in France. Oxford University Press. (Original work published 1790); 에드먼드 버크, 『프랑스 혁명에 관한 성찰』, 박상익 옮김, 한길사, 2004.

Cherlin, A. J. (2009). The marriage-go-round: The state of marriage and the family in America today. Alfred A. Knopf.

Daly, H. E. (1991). Steady-state economics: Second edition with new essays. Island Press.

Disraeli, B. (2008). Sybil, or The two nations. Oxford University Press. (Original work published 1845); 벤저민 디즈레일리, 『시빌, 두 나라』, 김성진 옮김, 책세상, 2018.

Durkheim, É. (1997). Suicide: A study in sociology. Free Press. (Original work published 1897); 에밀 뒤르켐, 『자살론』, 김광수 옮김, 일월서각, 1995.

Frankl, V. E. (2006). Man's search for meaning. Beacon Press. (Original work published 1946); 빅터 프랭클, 『죽음의 수용소에서』, 이시형 옮김, 청아출판사, 2007.

Goodhart, C., & Pradhan, M. (2020). The great demographic reversal: Ageing societies, waning inequality, and an inflation revival. Palgrave Macmillan; 찰스 굿하트, 마노즈 프라단, 『인구 대역전』, 이경식 옮김, 에이지21, 2021.

Gray, J. (2013). The silence of animals: On progress and other modern myths. Allen Lane; 존 그레이, 『진보의 환상: 동물들의 침묵』, 김승진 옮김, 이후, 2014.

Haidt, J., & Lukianoff, G. (2018). The coddling of the American mind: How good intentions and bad ideas are setting up a generation for failure. Penguin Press; 조너선 하이트, 그레그 루키아노프, 『나쁜 교육』, 김성환 옮김, 어크로스, 2019.[6]
Hayek, F. A. (1944). The road to serfdom. University of Chicago Press; 프리드리히 하이에크, 『노예의 길』, 김이석 옮김, 자유기업원, 2018.

Hayek, F. A. (1998). Law, legislation and liberty. Routledge. (Original work published 1973); 프리드리히 하이에크, 『법, 입법, 자유』, 김이석 옮김, 자유기업원, 2008.

Hirsch, E. D. (1987). Cultural literacy: What every American needs to know. Houghton Mifflin.

Hobbes, T. (1996). Leviathan (R. Tuck, Ed.). Cambridge University Press.

(Original work published 1651); 토머스 홉스, 『리바이어던』, 진석용 옮김, 나남출판, 1997.

Hume, D. (2007). A treatise of human nature. Oxford University Press. (Original work published 1739); 데이비드 흄, 『인간 본성에 관한 논고』, 이석윤 옮김, 아카넷, 2016.

Kirk, R. (2019). The conservative mind. Gateway Editions. (Original work published 1953); 러셀 커크, 『보수의 정신』, 이재학 옮김, 살림, 2005.

Kay, J. (2003). The truth about markets: Their genius, their limits, their follies. Allen Lane.

Kissinger, H. (2014). World order. Penguin Press; 헨리 키신저, 『헨리 키신저의 세계 질서』, 이현주 옮김, 민음사, 2016.

Locke, J. (1988). Two treatises of government. Cambridge University Press. (Original work published 1689); 존 로크, 『시민정부론』, 박지향 옮김, 아카넷, 2007.

Loewenstein, K. (1937). Militant democracy and fundamental rights. American Political Science Review, 31(3), 417-432.

MacIntyre, A. (2007). After virtue: A study in moral theory. University of Notre Dame Press. (Original work published 1981); 알래스데어 매킨타이어, 『덕의 상실』, 천승환 옮김, 이학사, 2001.

Madison, J. (2003). The federalist papers. Penguin Classics. (Original work published 1788); 알렉산더 해밀턴, 제임스 매디슨, 존 제이, 『페더럴리스트 페이퍼스』, 김동영 옮김, 한울아카데미, 2024.

Maslow, A. H. (1954). Motivation and personality. Harper & Row; 에이브러햄 매슬로, 『동기와 성격』, 이현섭 옮김, 학지사, 2000.

Mill, J. S. (1991). On liberty and other essays. Oxford University Press. (Original work published 1859; 존 스튜어트 밀, 『자유론』, 박홍규 옮김, 책세상, 2000.

Miller, D. (2000). Citizenship and national identity. Polity Press.

Morgenthau, H. J. (1985). Politics among nations: The struggle for power and peace. McGraw-Hill. (Original work published 1948); 한스 모겐소, 『국가 간의 정치』, 김계동 옮김, 을유문화사, 1987.

Neumann, F. (2009). Behemoth: The structure and practice of National Socialism, 1933-1944. Ivan R. Dee. (Original work published 1944)

Nisbet, R. (1980). History of the idea of progress. Basic Books.

Nisbet, R. (2010). The quest for community: A study in the ethics of order and freedom. ISI Books. (Original work published 1953)

Oakeshott, M. (1991). Rationalism in politics and other essays. Liberty Fund. (Original work published 1962)

Peterson, J. B. (2018). 12 rules for life: An antidote to chaos. Random

House Canada.; 조던 피터슨, 『12가지 인생의 법칙: 혼돈의 해독제』, 강주헌 옮김, 메이븐, 2018.

Popper, K. (2013). The open society and its enemies. Princeton University Press. (Original work published 1945); 칼 포퍼, 『열린 사회와 그 적들』, 김동수 옮김, 민음사, 1990.

Putnam, R. D. (2000). Bowling alone: The collapse and revival of American community. Simon & Schuster; 로버트 퍼트남, 『나 홀로 볼링: 사회적 커뮤니티의 붕괴와 소생』, 정승현 옮김, 페이퍼로드, 2016.

Putnam, R. D. (2015). Our kids: The American dream in crisis. Simon & Schuster; 로버트 퍼트남, 『우리 아이들: 아메리칸 드림의 위기』, 정태식 옮김, 페이퍼로드, 2016.

Rawls, J. (1993). Political liberalism. Columbia University Press; 존 롤스, 『정치적 자유주의』, 이현복 옮김, 이학사, 2005.

Rousseau, J. J. (1997). The social contract and other later political writings. Cambridge University Press. (Original work published 1762); 장 자크 루소, 『사회계약론』, 김영욱 옮김, 책세상, 2002.

Sandel, M. J. (2009). Justice: What's the right thing to do? Farrar, Straus and Giroux; 마이클 샌델, 『정의란 무엇인가』, 이창신 옮김, 김영사, 2010.

Sandel, M. J. (2020). The tyranny of merit: What's become of the common good? Farrar, Straus and Giroux; 마이클 샌델, 『공정하다는 착각』, 함규진 옮김, 와이즈베리, 2021.

Schlesinger, A. M., Jr. (1997). The vital center: The politics of freedom. Transaction Publishers. (Original work published 1949)

Scruton, R. (2001). The meaning of conservatism. St. Augustine's Press. (Original work published 1980)

Scruton, R. (2006). A political philosophy: Arguments for conservatism. Continuum.

Scruton, R. (2012). Green philosophy: How to think seriously about the planet. Atlantic Books.

Siedentop, L. (2000). Democracy in Europe. Columbia University Press.

Smith, A. (1976). An inquiry into the nature and causes of the wealth of nations. Oxford University Press. (Original work published 1776); 애덤 스미스, 『국부론』, 이근수 옮김, 비봉출판사, 2007.

Taylor, C. (1989). Sources of the self: The making of the modern identity. Harvard University Press; 찰스 테일러, 『자아의 원천들: 현대적 정체성의 형성』, 권기돈·하주영 옮김, 이학사, 2015.

Tönnies, F. (2001). Community and civil society. Cambridge University Press. (Original work published 1887); 페르디난트 퇴니스, 『공동사회와 이익사회: 순수사회학의 기본개념』, 곽노완·황기우 옮김, 라움, 2017.

나는 왜 보수를 선택했는가
신앙이 된 진보에 대한 비판적 서설

초판1쇄발행　　2025년 5월 16일

지은이　　　최병현
펴낸이　　　김태훈

출판등록　　2025년 2월 3일 제2025-000027호
주소　　　　서울시 마포구 어울마당로 130, 기린빌딩 3층 3889호
문의메일　　theredcamp.win@gmail.com

ISBN 979-11-991531-4-1